즐거움과 배움과 성장이 있는

놀이중심
교육과정

놀이중심
교육과정

초판 1쇄 발행 2019년 12월 16일
초판 7쇄 발행 2024년 11월 8일

지은이 | 정나라, 정유진

발행인 | 최윤서
편집장 | 최형임
디자인 | 김수경
마케팅 | 최수정
펴낸 곳 | 교육과실천
도서문의 | 02-2264-7775
인쇄 | 031-945-6554 두성 P&L
일원화 구입처 | 031-407-6368 ㈜태양서적
등록 | 2018년 4월 2일 제2018-000040호
주소 | 서울특별시 중구 창경궁로 18-1 동림비즈센터 505호
ISBN 979-11-90113-05-2 (13370)

즐거움과 배움과 성장이 있는

놀이중심 교육과정

정나라 · 정유진 지음

교육과실천

유아에게 놀이는 공부이며, 삶입니다

유치원은 아이들이 처음으로 엄마 품을 벗어나 배움의 길로 접어드는 소중한 시간입니다. 아이들에게는 설렘과 두려움이 교차하는 특별한 공간입니다.

부모의 품을 처음 벗어난 아이들이 불안감을 떨치고 즐겁게 생활하도록 하는 것이 유치원의 첫 번째 임무입니다. 놀이중심 교육과정이 그것을 가능하게 해줄 것입니다. 아이들에게는 놀이가 곧 공부이며, '삶'이기 때문입니다.

지난해 『놀이로 풀어보는 유치원 학급운영』에 이어 발간되는 『놀이중심 교육과정』에 눈길이 가는 이유이기도 합니다. 이 책에는 놀이중심 교육과정을 통해, 유아들에게 배움이 스스로 일어나게 하기 위해 교사가 어떻게 지원해야 하는지에 대한 혜안이 담겨있습니다. 현장의 선생님들에게 그 어떤 것보다 유익한 길라잡이가 될 것입니다.

'모두가 소중한 혁신전남교육'도 '시간표 없는 유치원' 등 놀이 중심으로 교육과정을 재편하는 문제, 유치원 공간과 놀이터의 재구조화 등에 관심을 가지고 개선할 수 있도록 노력하고 있습니다.

일 년여 만에 또 한 권의 훌륭한 책을 써주신 정나라, 정유진 선생님의 열정에 다시 한번 찬사를 보냅니다.

_ 장석웅, 전라남도교육청 교육감

미디어를 놀이로 녹여내는 아이들을 어디까지 허용해주어야 하는지, 교사는 어떻게 지원을 해줘야 할지, 주변에 자문을 구하고자 하여도 모두가 처음이기에 쉽게 정의 내리지 못합니다. 이 책은 '내가 지금 잘하고 있는 걸까?' 의문을 품고 있는 여러 유치원, 어린이집 선생님이 시행착오를 줄여나갈 수 있는 나침반 같은 책입니다. 교사의 준비 시간을 줄이고, 유아들의 만족도를 높이고 싶다면, 일단 이 책을 펼쳐보세요.

_ 하유쌤, 유아교육 콘텐츠 기획자 겸 '하유쌤의 꿈꾸는 캔버스' 블로그 운영자

놀이중심 교육과정의 핵심적 위치와 교육 현장이 당면한 과제와 궁금증 그리고 유아에게 주도권을 주는 3가지 유형의 놀이 수업의 실천 사례 등은 놀이중심 교육과정을 망설이는 교사들에게 가장 직접적인 도움이 될 것이라 생각합니다.
놀이중심 교육과정, 아직도 어려우신가요? '어떻게 할까' 고민하고 계시나요? 이 책에 답이 있습니다. 저도 이 책을 통해 현장을 지원하는 연구관으로서 지금까지 한 일보다 해야 할 일이 많아졌습니다. 정나라, 정유진 선생님 듣직합니다.

_ 승순화, 세종특별자치시교육원 유아교육부장

공감했고, 위로가 되었고, 안도했습니다. 그동안 생각해왔던 '놀이'에 대한 고민이 고스란히 담겨 있어 반가웠고, '나만의 방법'으로 풀어나갈 방향을 알게 되어 무척 기뻤습니다. '놀이중심 교육과정'을 시작하기에 앞서 이 책을 만난 것이 다행이라고 생각할 만큼 큰 선물처럼 느껴집니다. 이 책은 선생님들의 '놀이중심 교육과정'에 무한한 응원과 용기를 줄 것입니다. 더 많은 선생님과 이 책을 공유하고 싶습니다.

_ 이수연, 서울청룡초병설유치원 교사

놀이중심 교육과정을 연구하면서 수많은 고민과 궁금증이 있었고, 아이들과 함께 놀이하면서 궁금증을 해결하는 동시에 또 다른 고민이 생겼습니다. 그런데 먼저 고민을 시작하고 실천한 사례가 가득한 이 책을 보면서 마법의 고민 해결책을 읽는 기분이었습니다. 놀이 중심이 낯선 선생님, 놀이 속에서 교사의 역할이 궁금한 선생님, 내가 잘하고 있는 건지 불안한 선생님. 어떤 고민이든 이 책을 읽고 나면 아이들과 지내는 하루하루가 행복해질 거라 장담합니다.

_ 홍진선, 경기 부천 자연유치원 교사

놀이중심 교육과정이 아이들에게 왜 필요한지, 아이들에게 놀이가 얼마나 중요한지는 알고 있지만, 이에 대한 명확한 개념도 찾기 어려웠고, 마땅한 지침서도 없는 현실에서 좌절하기도 했으며, '나에게 익숙한 교사 주도의 수업으로 다시 돌아갈까?' 하고 흔들리기도 했습니다. 하지만 정나라, 정유진 선생님의 블로그를 통해 조언을 얻으면서 놀이중심 교육과정의 길을 한 걸음씩 찾을 수 있었습니다. 이 책은 놀이중심 교육과정을 알아가고 있는 선생님들께 길잡이가 되어줄 것입니다. 놀이중심 교육과정을 먼저 시작한 두 선생님의 경험과 실제 사례를 비롯한 놀이중심 교육과정의 모든 팁이 담겨 있다고 해도 과언이 아닙니다. 놀이중심 교육과정의 과도기에 서 있는, 좋은 선생님이 되고 싶은 모든 선생님께 꽃길만 걷길 바라는 마음으로 이 책을 추천합니다.

_ 이보람, 전북 정읍 또래유치원 교사

차례

1부 놀이중심 교육과정에 다가가기

1장. 놀이중심 교육과정에 대한 유치원 현장의 고민

2장. 놀이중심 교육과정에 한 걸음 더 나아가기 위한 준비

4장. 유아의 흥미에 놀이적 요인을 더해요

5장. 유아 주도적 놀이에 배움을 더해요

들어가며

> "놀이중심 교육과정이 무엇인지 잘 모르겠어요."

많은 선생님이 놀이중심 교육과정은 어렵고 힘들다고 생각하며 변화를 위한 도전을 하지 못하고 있습니다. 이 책에서는 이러한 현장의 소리를 바탕으로 놀이중심 교육과정에 관한 교사의 고민과 놀이 속 변화의 과정을 소개했습니다. 놀이 중심으로 가는 과도기적 상황에서 어떤 고민이 있었는지, 그리고 고민이 있을 때 유아와 어떤 상호작용을 통해 해결해나갔는지 등 최대한 실제 사례를 담았습니다. 또한 선생님들이 놀이중심 교육과정을 쉽게 이해하고 적용해볼 수 있도록 놀이 모형과 다양한 교육계획도 수록했습니다. 많은 변화를 한꺼번에 꾀하기보다는 할 수 있는 부분부터 단계적으로 실천해나가기 바랍니다.

> "놀이중심 교육과정의 방향을 어떻게 찾아갈 수 있을까요?"

놀이중심 교육과정에 대한 명확한 개념을 찾기가 어렵고, 의견이 다양해 혼란을 겪는 선생님이 많습니다. 저자들도 서로 생각하는 바가 달라 여러 차례 대화를 통해 방향을 찾아 나갔습니다. 놀이중심 교육과정은 알 것 같으면서도 헷갈릴 때가 많아 책을 쓰면서도 너무 어려웠습니다. 하지만 흔들릴 때마다 서로의 생각을 들으며 놀이중심 교육과정을 만들어나갔습니다. 그래서 선생님들도 이 책을 읽고 의문 나는 점이나 놀이를 해본 후 고민이 되는 지점을 동료 교사와 함께 생각을 나눠보기를 바랍니다. 책을 읽는 것으로 끝나는 것이 아니라 동료 교사와의 대화를 통해 내 생각을 정리하고 방향을 정립해나가는 게 가장 중요합니다.

> "책대로 하고 싶은데, 자꾸 다른 방향으로 흘러가요."

놀이중심 교육과정에 대한 이해를 돕기 위해 실제 사례들을 중심으로 책을 썼습니다. 놀이중심 교육과정에서는 유아의 흥미, 특성, 경험이 반영된 놀이를 따라가며 지원하기 때문에 책에 소개된 활동들을 그대로 할 수 없는 경우가 많습니다. 그래서 유아와 교사의 상호작용 과정을 자세히 기록했습니다. 놀이의 결과를 보기보다는 과정 속에서 교사의 고민은 무엇이었는지, 유아들과 어떻게 해결해나갔는지를 살펴보면서 자신만의 놀이중심 교육과정을 찾아가길 바랍니다. 그리고 활동을 잘 살펴보면 놀이로 이어지지 않고 끝나거나 실수했던 사례도 있습니다. 때로는 유아의 흥미를 반영하여 계획한 놀이가 뜻대로 되지 않아 실패했다고 느끼며 좌절할 때도 있습니다. 하지만 크고 작은 실수들로부터 우리는 배우고 성장합니다. 더 좋은 교사가 되어가는 과정이라 생각하고 끊임없이 도전해보길 바랍니다.

"저희 반에 긴 네모 모양의 딱딱한 블록이 있어요. 자유선택활동 시간에 아이들이 그 블록을 살짝 구부려서 공을 튕기는 놀이를 하는 거예요. 전에는 공에 맞아서 다칠 수도 있고, 친구의 놀이를 방해할 수도 있으니까 하지 말라고 했을 것 같아요. 그런데 놀이중심 교육과정에 대한 고민을 계속하다 보니 탄성을 이용해 놀이를 하는 아이들이 너무 대단하다고 느껴지는 거예요. 그리고 제 걱정과는 다르게 친구들이 다치지 않도록 어떻게 해야 할지 몇 마디 나눈 것만으로도 충분하더라고요. 그래서 지금까지 안전에 얽매여서 유아의 놀이를 방해하고 있었던 건 아니었을까, 그리고 아이들에게 왜 이렇게 안 된다는 말을 자주 했을까 하는 반성을 하게 되었어요."

놀이중심 교육과정을 연구하는 모임에서 한 선생님의 이야기를 듣고, 교사의 인식 변화가 얼마나 중요한지 깨닫게 되었습니다. '우리는 지금까지 놀이의 중요성을 논하면서도 놀이를 교육과 별개로 생각한 것은 아니었을까?' 라는 생각이 듭니다. 이 선생님이 유아의 놀이를 '대단하다'고 감탄한 것처럼 놀이를 인정하기는 말처럼 쉬운 일이 아닙니다. 너무 일상적이어서 그냥 지나치기가 더 쉬운 것이 유아의 놀이입니다. 놀이중심 교육과정이 이렇게 화두로 떠오른 이유는 새로운 교수학습 방법을 적용하기 위해서가 아니라 유아가 중심이 되는 진정한 놀이를 하기 위함입니다. 그런 의미에서 이 책이 즐거움, 배움, 성장이 있는 놀이중심 교육과정의 밑거름이 되길 바랍니다.

엄마이자 선생님 두 역할을 다 해나가는 것이 얼마나 어려운 일인지 책을 쓰며 다시한번 실감합니다. 이 책을 다 쓰기까지 육아를 함께하며 도움을 준 남편과 가족들에게 고마움을 표합니다. 책의 계획부터 완성까지 항상 함께해주신 하나님께 감사와 영광을 드립니다. 그리고 오늘도 놀이중심 교육과정을 고민하며 이 책을 펼친 전국의 유치원, 어린이집 선생님을 응원합니다!

놀이중심
교육과정에
다가가기

1장

. . .

놀이중심 교육과정에 대한
유치원 현장의 고민

'어떤 놀이를 가르쳐야 하지?'

'무슨 놀이를 배워야 할까?'

'왜 갑자기 놀이중심 교육과정이지? 그럼 지금까지는 놀이 중심이 아니었나?'

'대체 어떤 수업을 하란 말이지?'

'아이들이 그냥 놀면 놀이 중심인가?'

'내가 하고 있는 활동이 놀이중심 교육과정일까?'

놀이중심 교육과정이 강조되면서 현재 유치원 현장은 혼란스러운 상태이다. 교사들은 어떻게 수업을 놀이로 해야 하는지부터가 고민이고 걱정이다. 놀이 연수를 무작정 쫓아다니거나 놀이 관련 책을 사보기도 하지만, 정작 놀이중심 교육과정을 어떻게 운영해야 하는지에 대해서는 명쾌한 답을 찾지 못하고 있다.

놀이가 강조되는 분위기 속에서 '그동안 해왔던 교사의 수업은 중요하지 않은가?' 라는 의문도 갖는다. 교사가 계획한 수업에 유아들이 재미있게 참여했고, 교사 역시 그런 유아의 모습을 보면서 즐거움을 느꼈다. 교사 주도이긴 하지만 놀이를 통해 교육과정의 배움이 일어났는데, 이것은 놀이중심 교육과정을 운영했다고 볼 수 없는 것일까?

지도서에 익숙한 교사들에게 개정 누리과정에서 강조한 자율성이 한편으로는 놀이 중심 교육과정을 어렵게 만드는 이유가 아닐까? 지도서를 보며 수업을 준비하던 교사들에게 유아의 즉흥적이고 자발적인 놀이를 지원하며 교육과정을 자율적으로 운영하는 것은 결코 쉬운 일이 아닐 것이다.

또한 놀이유치원을 운영하는 몇몇 유치원의 이야기도 들려온다. 생활주제를 없애고 유아가 하고 싶은 놀이를 계획해서 하는 유치원, 놀이의 날을 만들어 체험 부스를 운영하는 유치원, 유아가 좋아하는 놀잇감을 제공하고 놀이하는 유치원, 전래놀이나 숲놀이 등의 전문 강사가 와서 놀이하는 유치원 등 다양한 방식으로 운영되고 있다. 과연 이 중에서 어떤 것이 유아의 진짜 놀이를 중심으로 하는 놀이유치원이며, 놀이중심 교육과정의 모델이 될 수 있는가 하는 고민 역시 계속되고 있다.

수없이 고민하게 만드는 놀이중심 교육과정

그냥 노는 것 같은데, 이것도 수업이야?

최근 딱지놀이 공개수업을 본 적이 있다. 이 수업은 유아가 만든 딱지와 놀이할 때 사용할 수 있는 자료(방석, 바구니, 통 등), 놀이 약속에 대해 간단하게 알아본 후 25~30분 간 자유롭게 유아가 원하는 방법으로 딱지놀이를 했다. 나와 함께 수업을 본 선생님들의 반응은 다음과 같았다.

"딱지만 치다 끝났네."

"수업을 보러왔는데 자유선택활동을 본 것 같아요."

왜 선생님들이 이렇게 반응했는지 생각해보았다. 아마도 유아의 선택과 허용의 범위가 선생님들이 생각한 기준보다 높아 익숙하지 않은 수업이었기 때문인 것 같다. 딱지로 할 수 있는 놀이를 정하고, 모둠을 나누어 놀이를 하는 것이 교사들이 예상한 수업이 아니었을까? 그런데 이 수업은 딱지로 할 수 있는 놀이나 모둠을 정하지 않고 유아가 스스로 선택하여 자유롭게 놀이하도록 했다.

기존의 딱지놀이 수업

"딱지를 이용해서 어떤 놀이를 할 수 있을까?"
"딱지치기요", "딱지 멀리 던지기요", "방석 위 딱지 뒤집기요", "딱지 바구니에 넣기요"
"그럼 1모둠은 딱지치기, 2모둠은 딱지 멀리 던지기, 3모둠은 방석 위 딱지 뒤집기, 4모둠은 딱지 바구니에 넣기를 해보자. 그리고 선생님이 종을 치면 1모둠은 2모둠으로, 2모둠은 3모둠으로, 이렇게 자리를 바꾸며 놀이하는 거야."

그동안의 수업에 비하면 교사의 역할이나 비중이 적은 반면 유아의 선택과 주도성이 높아 자유선택활동과 비슷하다고 느낀 것 같다. 어쩌면 놀이중심 교육과정으로 가고 있는 과정에서 나올 수 있는 당연한 반응일지도 모른다.

참관한 딱지놀이 수업

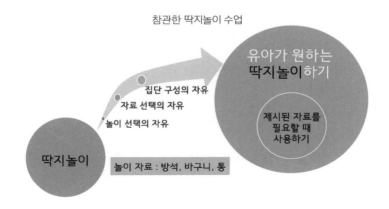

그러나 수업자의 수업 의도를 듣고 얼마나 놀이중심 교육과정에 대해 많은 연구를 했는지 알 수 있었으며, 수업의 전 과정에서 유아에게 적절한 지원을 하기 위해 끊임없이 고민한 이야기를 들을 수 있었다. 학기 초부터 딱지에 관심을 보이는 유아가 많았고, 그 흥미가 지속되어 딱지를 주제로 정했다고 했다. 수업을 계획하는 과정에서 기존에 많이 하던 방식처럼 딱지로 할 수 있는 놀이를 소개한 후 모둠별 놀이를 할 것인지, 아니면 준비된 자료로 유아가 자유롭게 놀이를 하게 할 것인지 수없이 고민했다고 한다.

"놀이의 제약을 없애고 허용적인 분위기를 만들자 유아의 놀이가 점점 길어지고 깊어지는 것을 경험했습니다. 놀이를 통해서 아이들이 스스로 배울 수 있는 능력이 있다는 믿음이 생겼기 때문에 자유롭게 놀이하도록 할 수 있었습니다. 하지만 여전히 기존의 수업 방식과 다른 놀이중심 교육과정이 혼란스럽고, 활동을 하면서도 '이렇게 해도 괜찮은 것일까?' 하는 의문이 듭니다. 그래서 놀이중심 교육과정에 대한 여러 가지 시도를 해보고 있습니다."

놀이중심 교육과정은 오래된 각본과 같았던 교사 주도의 교수학습 방법이나 놀이들을 다시 돌아보게 했다. 앞의 사례에서는 일반적으로 교사가 딱지놀이 중 하나를 정해 유아가 해보던 방식이 아니라 유아가 주도적으로 딱지놀이를 할 수 있게 만들었다. 또한 주제, 집단의 형태, 공간, 시간, 자료, 교사의 개입 시기 등 전반적인 교육 활동을 유아 중심, 놀이 중심 교육철학의 방향으로 연구하게 만들었다.

놀이중심 교육과정에 대한 이해가 부족하다면 그저 딱지를 가지고 놀이하다가 끝난 것으로 오해할 수 있다. 하지만 이 활동은 유아를 중심으로 끊임없이 고민하는 교사와 자기 생각을 주도적으로 놀이로 풀어내는 유아가 함께 만들어가는 놀이중심 교육과정이었다.

놀이중심 교육과정의 과도기에 있는 지금, 가장 중요한 것은 단순히 수업 방법의 변화나 새로운 교수학습 방법을 도입하는 것이 아니라 놀이와 유아를 이해하고 존중하는 나만의 방향을 정립해나가는 것이다.

놀이중심 교육과정에서 자유놀이와 바깥놀이만 놀이일까?

자유놀이와 바깥놀이는 유아가 가장 좋아하는 시간이며, 교사와 유아 모두 놀이라고 하면 가장 먼저 떠올리는 활동이다. 그래서 놀이중심 교육과정에서 이 두 가지 놀이만 하면 되는 것 아니냐고 묻는 선생님도 계신다. 놀이중심 교육과정에서는 유아가 등원 길에 만난 민들레를 부는 것부터 하원할 때 신발을 바르게 신는 과정까지 유아의 일상 전체를 놀이로 본다. 일상생활에서 유아의 흥미와 관심에 집중하며 놀이와 연결해 유아를 이해하는 것이 필요하다.

교사가 준비한 수업은 놀이가 아닌가?

놀이중심 교육과정은 유아 중심의 놀이를 강조하는 것이지 그동안 해오던 교사의 수업을 무시하는 것이 아니다. 다만 그동안 놀이를 중심에 둔 교육과정이었음에도 불구하고 누리과정 지도서를 교과서처럼 생각하거나 교사 주도의 수업에 치우쳐 있다 보니 이제라도 유아 중심의 본질적인 놀이로 변화하자는 것이다. 놀이중심 교육과정에서는 교사 주도의 수업 안에 즐거움, 선택, 주도성, 과정 지향성, 몰입의 놀이적 요인을 포함시키려는 노력이 필요하다고 말한다.

이미 정해진 계획이 있는데 교사 자율성은 어떻게 실천해야 할까?

놀이중심 교육과정에서는 무엇보다 교사의 자율성을 강조한다. 일과 운영에서부터 주제에 이르기까지 이미 정해진 계획이 있더라도 유아의 흥미에 따라 융통성 있게 계획을 바꿔나가야 한다. 이를 위해서 꼼꼼한 계획보다는 변화에 민감하게 반응하고 유연하게 운영할 수 있도록 빈자리를 만들어두는 것이 필요하다.

놀이중심 교육과정 Q&A

> 지금까지는 일정하게 자유놀이 후 간식을 먹고 바깥놀이와 대·소집단 활동을 했습니다. 놀이중심 교육과정에서는 하루 일과 운영을 어떻게 해야 할까요?

'함께 모여 인사 나누기→자유놀이→대·소집단 활동'과 같이 기존 방식으로 일과를 운영할 수 있습니다. 다만 유아의 자유놀이 과정과 몰입 정도를 고려하여 대·소집단 활동을 할 수도 있고, 자유놀이가 계속 이어질 수도 있습니다.

유아와 함께 오늘은 어떤 놀이를 먼저 하고 싶은지 이야기를 나누어 하루 일과의 순서를 정해보는 것도 하나의 방법일 수 있습니다.

또는 교실이 아니라 유아가 흥미를 가지는 곳에서부터 활동을 해볼 수 있습니다. 예를 들어, 등원하면서 텃밭이나 벌레 등에 관심을 보인다면 실외 공간에서 하루를 시작할 수 있습니다. 자유놀이 시간에 바깥 놀이를 하고 싶어 하는 유아들이 있다면 11시에 계획된 바깥 놀이의 순서를 조정할 수도 있습니다. 다만 교사 한 명이 실·내외 공간을 모두 볼 수 없으므로 전체가 한 공간에 머물러야 합니다. 유아의 요구가 있다면 "○○가 지금 바깥 놀이를 하고 싶어 하는데 너희들 생각은 어떠니?"라고 물어보고, 유아와 협의하여 일과를 조정할 수 있습니다.

그리고 유아의 놀이가 확장되고 있다면 몰입이 이어질 수 있도록 충분한 시간을 제공하여 융통성 있게 하루 일과를 운영합니다.

저희 반은 만 5세 20명입니다. 놀이중심 교육과정에서는 교사가 유아의 놀이를 지원하라고 하는데, 아이들이 너무 많아 어려움이 있습니다. 저처럼 교사 대 유아의 비율이 높은 학급에서 교사가 어떻게 유아의 놀이를 지원하면 좋을까요?

교사 한 명이 20명의 유아를 충분히 지원하기는 현실적으로 어려운 일입니다. 그럼에도 불구하고 최대한 놀이 지원을 잘하려면 학기 초에 유아의 개별 놀이 성향과 우리 반의 놀이 흐름을 파악하는 것이 필요합니다.

교사는 놀이 흐름에 따라 지지하기, 허용하기, 함께 놀이하기, 자료 제공하기, 비계 설정하기 등의 지원을 합니다. 놀이를 지지하는 말 한마디가 필요한 순간이 있고, 놀이가 더 나아가도록 상호작용을 해야 할 경우도 있습니다. 유아가 실패를 반복하더라도 교사가 즉시 도움을 주기보다는 유아의 성향에 따라서 지켜보는 것이 적절한 때도 있습니다. 유아의 요청에 따라 도움을 제공하거나 놀이자로 함께 참여할 수 있습니다. 놀이에 참여했을 경우 다른 유아들이 소외되지 않도록 적절한 순간에 빠져나와 전체를 살펴볼 수 있어야 합니다.

또한, 다인수 학급의 장점을 이용해 유아의 놀이를 지원할 수 있습니다. 유아 수가 많은 만큼 놀이 아이디어도 다양합니다. 여러 가지 놀이 중 순서나 방법을 정하기 위해 아이들과 의사결정 과정을 거칩니다. 이러한 과정을 반복하다 보면 처음에는 교사가 의사결정 과정에서 중재를 하지만, 점차 유아가 주도해나갈 수 있습니다. 이때 교사는 유아의 의견을 인정하고 허용해주는 분위기를 조성해야 합니다.

자유놀이 시간에 소집단별로 놀이가 잘 진행되었어요. 그래서 대·소집단 활동을 할 시간이지만, 자유놀이를 더 하도록 해주었어요. 하지만 왠지 유아들을 방임하는 것 같은 생각도 들고, 오전 내내 자유놀이만 했는데 이것을 수업이라고 할 수 있는지 의문이 들어요.

지금까지는 함께 모이는 자리에서 교사와 유아가 상호작용을 하거나 대 · 소집단 활동을 해야만 수업이라고 생각했습니다.

놀이중심 교육과정은 이러한 수업과 놀이에 대한 관점의 변화를 요구합니다. 지금처럼 교사의 계획에 놀이적 요인을 넣은 활동도 수업이지만 위의 사례처럼 자유놀이가 확장되고, 교사의 지원을 받는 모든 과정이 하나의 수업이라고 할 수 있습니다.

교사가 눈에 띄는 역할을 하지 않는다고 해서 방임을 하는 것이 아닙니다. 유치원 교실 속 놀이를 자세히 살펴보면 가장 바쁜 사람은 교사입니다. 교사는 유아가 필요하다고 요구하는 자료를 제공하거나 놀이가 더 확장되도록 비계설정을 위한 발문을 합니다. 놀이를 인정해주고, 함께 놀이하거나 놀이의 과정을 관찰하여 기록합니다. 기록을 바탕으로 유아의 흥미를 파악하여 놀이를 계획하거나 지원할 방법을 연구합니다.

유아의 놀이를 가장 가까이에서 바라보고 지원할 수 있는 사람은 담임교사입니다. 자신감을 가지고 놀이중심 교육과정을 만들어가시기 바랍니다.

저희 반은 만 3세라 거의 혼자 놀거나 여자아이들은 엄마 놀이, 남자아이들은 블록 놀이만 합니다. 매일 같은 놀이만 하는 유아들을 어떻게 지도해야 할까요?

매일 같은 놀잇감으로 똑같은 놀이를 하는 것처럼 보이지만, 자세히 들여다보면 놀이 주제나 등장인물이 다를 수 있습니다. 매일 같은 놀잇감을 사용하거나 놀이를 반복하는 유아는 그 놀잇감과 놀이에 흥미가 높다는 것입니다. 그러므로 그 자체를 인정해주고, 놀이 확장에 도움을 줄 방법을 연구해야 합니다.

만 4, 5세에 비해 만 3세 유아들의 놀이가 한정적이라서 놀이중심 교육과정을 어떻게 해야 할지 모르겠다는 의견도 많습니다. 유아의 발달 수준에 따라 유아 주도의 놀이보다 교사가 계획한 놀이를 더 많이 할 수 있습니다. 이때 교사가 주도하는 놀이라고 할지라도 최대한 놀이적 요인을 더하기 위해 노력합니다. 아주 작은 부분에서부터 유아가 선택할 기회를 제공한다면, 점차 유아가 주도하는 부분을 늘려갈 수 있습니다.

만 4, 5세 유아 중에서도 레고, 자석, 팽이 놀이만 하는 경우가 있습니다. 하지만 이 또한 자세히 들여다보면 놀이 주제나 놀이 속 사건이 다를 수 있습니다. 그래도 이 놀잇감이 없다면 다른 놀이를 할 수 있을 것 같다는 생각에 레고, 자석, 팽이를 교실에서 빼는 선생님도 있습니다. 아이들은 어른들이 생각하는 것과 다릅니다. 매일 하는 놀이라 재미가 없어질 법도 하지만, 아이들은 전혀 그렇지 않습니다. 흥미가 떨어지기는커녕 더욱 풍성하고 확장된 놀이를 하므로 아이들의 놀이 그 자체를 인정해주어야 합니다.

저는 아이들이 놀이를 할 때 다칠까봐 규칙을 강조하거나 금지하는 행동이 많아요. 유아가 즐겁게 놀이할 수 있도록 돕고 싶지만 안전에 관련한 학부모님 민원이 너무 걱정돼요.

안전에 대한 걱정과 학부모님의 시선 때문에 "하지마", "안 돼"라는 말로 유아의 놀이를 막을 때가 많습니다. 하지만 안전만을 강조하다 보면 놀이를 통한 배움에 제한을 줄 수밖에 없습니다. 유아의 주도적 놀이를 최대한 허용하며 사고를 예방하기 위해서는 기본생활습관 지도와 친밀한 관계 형성이 지속적으로 이루어져야 합니다. 특히 황금의 시기인 3월에 놀이를 통해서 유아가 스스로 지켜야 할 규칙과 약속을 알아보고, 유아가 유치원을 즐거운 곳이라고 느낄 수 있는 관계 형성 놀이를 매일 하는 것이 좋습니다. 좋은 관계가 형성되었을 때 유아들은 놀이 속에서 자신의 행동이나 감정을 조절하며 친구들과 더 잘 놀 수 있습니다. 또한 놀이 중 위험한 행동을 했을 경우 함께 모여 약속을 정할 수도 있습니다.

교사는 놀이 공간에서 유아를 잘 관찰하며 최대한 사고를 예방하기 위해 유아와 함께 노력해야 합니다. 기본생활습관과 긍정적 관계 형성은 놀이중심 교육과정의 기초가 됩니다.

미디어의 영향으로 유치원에서 유아의 수준에 맞지 않는 놀이를 할 때가 있습니다. 아이들은 재미있어하는데 폭력적이고 혐오적인 놀이도 허용해야 할까요? 아니면 다른 놀이를 하도록 해야 하나요?

최근 TV 만화 프로그램의 영향으로 유치원 교실에서 귀신 놀이를 하는 유아가 많습니다. 귀신 놀이를 할 수는 있으나 유아 수준을 넘어 지나치게 공포스럽거나 혐오스러운 놀이가 되어 다른 유아들에게 부정적인 영향을 미치거나 놀이를 방해할 수 있습니다. 그런 경우에는 단호히 제한할 필요가 있습니다. 놀이를 중단하고 유아들과 현재 상황에 대해 충분히 이야기를 나눈 다음 우리 학급만의 놀이 기준을 정하는 것이 필요합니다. 유아끼리 정하는 것이 어렵다면, 교사가 적절한 기준을 제시하여 유아들과 의견을 나눠볼 수 있습니다.

유아의 흥미를 바탕으로 놀이를 계획해보려고 합니다. 그런데 학급의 유아 중 몇 명의 유아가 흥미를 보여야 집단 활동으로 연결할 수 있을까요?

정답은 없습니다. 교사에 따라 유아의 절반 정도가 흥미를 가져야 활동이 수월하게 진행된다는 분도 있고, 한 명만 흥미를 보여도 많은 유아가 함께할 수 있는 놀이라면 수업으로 연결하기도 합니다.

놀이에 흥미를 갖거나 제안한 유아가 있다면 다른 유아들의 의견을 물어보고 활동으로 연결할 수도 있고, 유아의 몰입 정도를 파악하여 평가 시간에 협의를 해볼 수 있습니다. 또는 교사가 유아의 놀이 중에서 함께할 수 있는 놀이라고 판단되면 활동을 계획할 수도 있습니다.

대집단 활동이 아니더라도 친구의 의견에 관심을 보이는 유아만 소집단으로 진행할 수도 있습니다. 이때 놀이에 함께하지 않는 다른 유아들은 자신의 놀이를 계속하면 됩니다. 자신의 놀이를 하다가 흥미를 보이면 함께 참여할 수도 있습니다.

이러한 모든 과정은 정해진 것이 없습니다. 학급 유아의 흥미와 선택에 따라 다양한 방법으로 활동을 할 수 있습니다. 이를 위해 교사는 끊임없이 고민해야 하며 놀이역량을 기르는 데 최선을 다해야 합니다.

놀이중심 교육과정은 유아의 흥미를 따라 계획하고 놀이를 하잖아요. 그렇다면 공개수업은 어떻게 해야 하나요? 유아의 관심을 미리 알 수 없는데, 수업안은 1~2주 전에 작성해야 하니 어떻게 준비해야 하는지 궁금해요.

공개수업은 1~2주 전에 미리 수업계획안을 작성해야 하기 때문에 교사가 계획한 놀이를 준비하는 것이 좋습니다. 이때 즐거움, 몰입, 과정 지향성, 선택, 주도성과 같이 놀이적 요인을 최대한 반영합니다. 또한 유아의 발달 수준과 흥미에 적합한 놀이 자료나 놀이 방법, 놀이 주제를 선정합니다. 그 안에서 놀이 자료, 방법, 주제, 규칙, 집단구성 등 유아와 교사가 적절하게 주도할 부분을 정합니다. 예를 들어, 교사가 놀이 방법을 제시했다면 유아가 놀이 자료를 선택할 수 있습니다. 유아들과 이야기를 나누는 가운데 대집단, 소집단, 개별 활동을 결정할 수도 있습니다. 이 책에 수록된 놀이 수업 모형과 수업계획안의 예시를 참고하여 작성해보시길 바랍니다.

제시된 수업안에는 유아의 반응이나 예상되는 놀이를 기록했지만, 교사의 생각과 다른 방향으로 갈 가능성이 큽니다. 그래서 꼼꼼하게 작성하기보다는 수업의 흐름을 중심으로 계획하고 실제 놀이에서 교사가 적절하게 지원을 하는 것이 더 중요합니다.

이전과 달라진 부분은 유아가 주도적인 역할을 하기 때문에 기존의 수업에 비해 교사의 역할이 많이 줄었다는 점입니다. 교사는 유아에게 필요한 자료를 제공하거나 함께 놀이할 수 있습니다. 또는 유아가 몰입하여 놀이에 잘 참여하고 있다면 교사는 관찰만 할 수도 있습니다.

놀이중심 교육과정 운영을 위해 매주 놀이 체험일을 정해 유아가 좋아하는 놀이(에어바운스, 신문지, 공놀이, 전래놀이 등)를 할 수 있도록 부스 운영을 하고 있습니다. 아이들은 좋아하는데 이것도 놀이중심 교육과정이 맞나요?

놀이중심 교육과정이 정착되기 전이라 유치원마다 이를 풀어내는 방식이 다양합니다. 규모가 있는 유치원에서는 매월 자유놀이의 날이나 놀이 체험일을 정해서 활동을 하는 경우가 많습니다. 이 또한 놀이중심 교육과정의 방향으로 나아가는 과도기적 모습이 아닐까 생각합니다.

자유놀이의 날을 살펴보면, 하나의 주제를 정해서 이와 관련된 자료나 놀잇감을 주고 유아들이 자유롭게 놀이하는 경우가 많습니다. 이 활동들은 유아의 선택권과 주도성을 강조한 형태라고 봅니다. 다만 자유놀이의 날이 일회성 행사가 되어 교사의 업무를 가중시키거나 자칫 유치원이 키즈 카페화되지 않도록 주의를 기울여야 합니다. 그리고 단순 놀이로 끝나는 것이 아니라 놀이 과정에서 유아가 보이는 흥미를 기록하거나 배움을 이끌어줄 수 있는 부분을 살펴보면서 각 유치원만의 놀이중심 교육과정을 만들어가면 좋겠습니다.

놀이중심 교육과정의 핵심은 유아의 흥미를 기초로 유아 중심의 놀이를 교육적 가치로 의미 있게 이끌어주는 것입니다. 그러므로 일상생활 속에서 유아의 놀이를 지원하는 방향으로 나아가는 것이 가장 좋다고 생각합니다.

많은 학부모님이 다양한 특성화 활동을 하기를 원합니다. 그런데 놀이중심 교육과정을 운영하다 보면, 그냥 논다고 생각하고 불만을 제기하는 학부모님들이 있을 것 같습니다. 그럴 때는 어떻게 해야 할까요?

　개정된 누리과정에 맞춰 국가 차원에서 놀이중심 교육과정에 대한 홍보가 있을 것입니다. 유치원에서도 학부모의 인식 변화를 위해 유아기 발달 및 놀이의 중요성과 함께 놀이중심 교육과정에 대한 안내를 해야 합니다. 가정통신문이나 SNS, 학부모 오리엔테이션, 부모 교육 연수 등을 활용할 수 있습니다. 이때 놀이중심 교육과정에 대한 이론이나 방향만을 안내하면 학부모님들이 이해하기 어렵습니다. 특히 유치원에서 하나라도 더 가르쳐주기를 원하는 학부모님을 설득하기란 상당히 어려운 일입니다. 그러니 어려운 이론보다는 놀이중심 교육과정의 실제 사례를 이야기하고, 아이들과 함께 놀이를 해보면 어떨까요? 놀이 속에서 배움이 일어난 지점 또는 유아가 주도적으로 놀이를 이끌어나가는 과정 등을 보여주면서 유아 중심이 왜 중요한지에 관해 설명할 수 있습니다. 또는 이러한 안내를 한 번으로 그치지 않고 학부모 놀이 모임을 운영하여 유치원 교육의 동반자로 함께 성장하도록 도울 수도 있습니다.

　무엇보다 교육공동체인 유아, 학부모, 교사가 함께 놀이 중심으로 나아가기 위해서는 가장 먼저 교사가 놀이중심 교육과정에 대한 교육철학과 방향을 수립해야 합니다.

학부모님들이 초등학교에 가기 전에 한글을 떼고 가면 좋겠다는 이야기를 많이 하세요. 그리고 옆 반 선생님은 아이가 한글을 모르고 초등학교에 입학하면, 어느 원에서 왔냐고 묻는 선생님도 계신다며 꼭 한글 교육을 시키라고 하세요. 한글 교육을 꼭 해야 하나요? 아니면 놀이중심 교육과정에서는 한글 교육을 하면 안 되나요?

발달 단계상 초등학교 1~2학년이 한글 교육을 하는 데 가장 적합한 시기입니다. 현재 1학년은 한글을 익힐 수 있는 기초시간이 편성되어 있고, 교과서도 기호와 그림을 중심으로 되어 있어서 한글을 몰라도 이해할 수 있습니다. 흥미가 없는 유아에게 억지로 글자를 반복해서 쓰게 하는 등의 과도한 한글 교육은 자칫 공부를 지루하고 하기 싫은 것으로 인식하게 할 수 있습니다.

그러나 조금 더 현실적인 이야기를 하자면, '한글을 못 떼고 초등학교에 가면 우리 아이만 뒤처지는 것은 아닌가' 하는 학부모님의 걱정을 모른 척할 수 없습니다. 현장에서 한글 교육이 필요하다면 유아의 발달 수준과 흥미에 맞게 놀이로 접근하는 게 어떨까요?

뒤에서 소개할 '고래밥' 과자를 이용한 놀이 같이 유아의 흥미가 높은 자료로 한글 놀이를 해보았습니다. 놀이 방법을 보면서 우리 반 아이들에게 맞는 한글 놀이를 고민해보세요. 고래밥 과자와 같이 유아가 관심 있는 소재를 선정하고, 놀이적 요인이 포함되도록 놀이 자료나 방법을 생각해보세요. 그리고 글자를 막연히 외우게 하는 것이 아니라 놀이를 통해 글자에 익숙해질 수 있도록 접근해보세요.

학부모님께 놀이중심 교육과정의 수업을 보여드렸을 때 과연 이해해주실지 걱정됩니다. 유아가 주도적으로 놀이하는 모습을 무질서하다고 느끼지는 않을까요? 관찰하며 기다려주는 교사를 보고 아이들에게 무관심하거나 방임하고 있다고 생각하지 않을까요?

대부분 수업이라면 차분하면서 정돈된 활동 모습을 떠올립니다. 하지만 놀이가 잘 이루어지고 있다면 소란스럽거나 무질서해 보이는 건 당연한 일입니다. 이런 모습은 아이들의 놀이가 살아있고, 생동감 있게 움직인다는 것을 보여주는 것이기 때문입니다. 그리고 유아의 놀이를 들여다보면 무질서 속에 자신들만의 질서가 분명히 있습니다. 놀이 약속을 함께 만들고, 의견을 조율해가며 놀이합니다. 교사와 학부모 모두 유아의 놀이 자체를 인정하고 지지해주는 것이 필요합니다.

그리고 놀이중심 교육과정과 변화된 유치원 교육 방향에 대해 학부모님들께 소개하는 시간이 필요합니다. 학기 초 오리엔테이션을 비롯한 부모 교육이나 학부모 동아리 모임, 안내장 등을 통해 지속적으로 안내합니다.

또한 학부모 공개수업 전 수업을 하게 된 이유와 수업을 바라보는 방법에 대해 이야기 나누는 시간이 필요합니다. 이때 교사는 놀이중심 교육과정의 방향을 담은 수업자의 의도를 학부모의 눈높이에 맞춰 준비합니다. 또한 수업 과정에서 아이들이 어떤 놀이를 하고 있는지, 무엇에 흥미를 보이는지, 작은 아이디어라도 격려할 부분은 무엇인지, 가정에서 함께할 수 있는 부분이 있는지 등 수업의 주인공인 아이들에게 집중하여 참관할 수 있도록 안내합니다. 교사가 수업 전에 직접 안내를 하는 것이 가장 좋은 방법이나 그렇지 못한 경우라면 다음에 나오는 예시와 같이 유인물로 수업에 대한 이해를 도울 수 있습니다.

<학부모 공개수업 안내장 예시>

🌿 유치원 학부모 공개수업 안내 🌿

안녕하세요. 사랑반 담임선생님 ○○○입니다. 저희 유치원에서는 유아가 배움의 과정에서 주도적인 역할을 할 수 있도록 놀이중심 교육과정을 꾸준히 실천하고 있습니다. ○○월 ○○일 학부모 공개수업 역시 이러한 놀이중심 교육과정을 바탕으로 한 '자연물과 친구 되기' 활동을 합니다.

교사가 자연물을 이용해서 할 수 있는 놀이를 정해주는 것이 아니라 유아가 직접 놀이 방법부터 자료, 놀이 친구까지 결정합니다. 그래서 기존에 보셨던 수업과는 다른 모습일 수 있습니다. 어떻게 보면 정돈되지 않은 모습에서 소란스럽다고 느끼실지도 모릅니다. 때로는 의사결정 과정이 오래 걸릴 수도 있고, 아이들이기에 다양한 문제 상황이 발생할 수도 있습니다. 하지만 그 과정에서 아이들의 표정과 몸짓, 생각을 봐주세요. 놀이 과정 속에서 자신의 생각을 표현하며 문제를 해결하고 미소짓는 아이들을 발견하실 수 있을 것입니다.

그리고 우리 아이가 발표를 몇 번 했는지, 바르게 앉아 있는지보다는 어떤 놀이를 하고 있는지, 어떤 부분에서 재미를 느끼는지, 놀이 속에서 어떤 생각을 하고 있는지, 작은 아이디어라도 격려할 부분은 어디인지, 엄마 아빠와 함께 놀이할 수 있는 부분이 있는지 등 다양한 시각으로 놀이를 관찰해주세요.

20○○. 유치원 학부모 공개수업 참석 여부

유아명 :

참석합니다.	참석하지 못합니다.

○○ 유치원장 귀하

<학부모 공개수업 참관록 예시_앞면>

🌿 우리 아이의 즐거운 '놀이' 이야기 🌿

일시	20○○.○○.○○.	오늘의 놀이	자연물과 친구 되기
반명	사랑반	유아명	

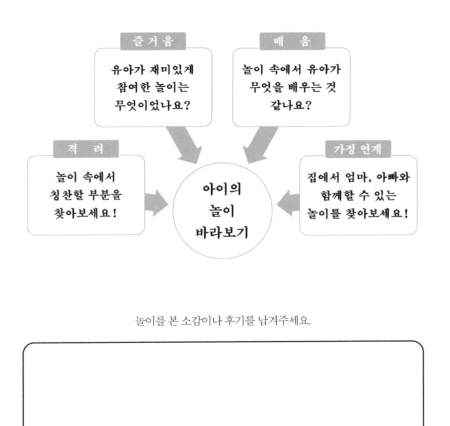

놀이를 본 소감이나 후기를 남겨주세요.

<학부모 공개수업 참관록 예시_뒷면>

1. 학부모 공개수업 때 평상시와 다른 모습을 보일 수도 있습니다.
   부모님이 유치원에 오는 것 자체만으로도 유아들에게는 큰 이벤트와 같습니다. 그래서 유아의 성향에 따라 바람직하지 않은 행동을 보이거나 긴장해서 말을 잘 못하는 등 평상시와 다른 행동을 할 수 있습니다. 이러한 경우 유아의 발달상 나타날 수 있는 반응임을 이해하시고 인내심을 갖고 수업에 참관해주시기 바랍니다. 그리고 수업 중 학부모님께 매달리거나 옆에 있기를 원하는 경우 조용히 함께 있도록 허락해주셔도 됩니다.

2. 놀이를 할 때 유아의 성향이나 놀이의 특성에 따라 혼자 놀이 또는 친구와 협동 놀이가 이루어질 수 있습니다. 혼자 놀이를 한다고 해서 친구와 잘 어울리지 못하는 건 아닌가 걱정하지 않으셔도 됩니다.

3. 수업 중에는 휴대폰을 진동으로 해주시고, 개인적인 대화나 동생들로 인해 활동에 방해가 되지 않도록 해주세요.

4. 기타 궁금하신 점이나 하시고 싶은 말씀은 소감록에 기록해 주십시오.

20○○. ○○. ○○.
○○ 유치원장

놀이에 대한 현장 교사의 성찰

놀이와 교사 자신 돌아보기

유아의 진짜 놀이를 찾아주기 위해서 먼저 할 일은 교사인 나를 돌아보는 일이다. 또한 안전이라는 걸림돌 때문에 유아의 놀이를 방해하거나 시도조차 못 하게 하지 않았나 반성해본다. 모든 교사가 이와 같은 고민이 있을 것이다. 우리 두 저자의 반성을 보며 자신의 모습도 함께 비춰보길 바란다.

1. 유아들의 놀이는 이래야 되는 줄 알았습니다

- 교실에서는 조용히 놀이해야 하는 줄 알았다.

  유아들은 놀이하면서 소리를 지르거나 흥분하는 일이 종종 있다. 그럴 때마다 교사는 주의를 주거나 "○○야, 조용히 놀아야지. 다른 친구들 놀이에 방해되잖아"라고 말했다. 돌아보니 교사인 내가 유아의 놀이를 방해하고 있었다.

- 책상에 앉아서 해야 하는 줄 알았다.

  교실 바닥에 누워 책을 보거나 그림을 그리는 유아들에게 "책은 책상에 앉아서 봐야지", "그림은 미술 영역 책상에서 그리는 거야"라고 말했다. 책상 아래 들어가 숨어서 놀이하는 유아들에게 "책상 아래는 숨는 곳이 아니야. 다치니까 얼른 나와요"라고 말했다. 아이들만의 상상 속 세계를 교사인 내가 깨버렸다.

- 카펫 위에서 해야 하는 줄 알았다.

  유아가 쌓기 영역의 블록을 함께 모이는 자리로 가지고 와서 크게 놀이판을 벌였다. 공간이 넓은 만큼 유아들의 행동반경도 커졌다. 점점 흥분하는 유아들을 보며 행여 다칠세라 "애들아, 블록은 카펫 위로 가져가서 놀아야지"라고 말하며 다시 쌓기 영역으로 돌려보냈다. 놀이가 커지자 안전 문제가 생길까 봐 미리 겁을 먹고 놀이를 시도조차 못 하게 했다.

- 각 영역의 놀잇감은 해당 영역에서만 놀아야 하는 줄 알았다.

  수·조작 영역의 작은 수 놀이 교구를 역할 영역으로 들고 가려는 유아에게 "다른 영역에 가려면 놀잇감을 바구니에 정리해야지"라고 말했다. 유아에게는 영역의 구분이나 정리보다 자신의 놀이에서 필요한 놀잇감이 중요했던 것이다. 놀이의 몰입에 나는 방해자였다.

- 정해진 시간까지만 놀아야 하는 줄 알았다.

  오전 10시가 되면 자주 시계를 확인한다. 10시 10분이면 자유놀이를 정리하고 평가를 해야 하기 때문이다. 그래야만 교사가 생각하는 정시에 수업을 시작할 수 있다. 정리정돈 시간을 알리면 유아들은 늘 "에~~ 더 놀아요"라고 말했지만 "안 돼! 그만! 공부해야 해"라는 말로 놀이를 중단시켰다. 놀이가 곧 학습인 유아들에게 학습의 기회를 빼앗아버렸다.

- 정해진 놀이만 해야 하는 줄 알았다.

  주간교육계획에는 각 영역에서 해야 할 놀이가 정해져 있다. 계획한 놀이 시간에 관련된 교구를 넣어주며 "오늘 역할 영역에서는 봄 동산 나비가 되어볼게요"라고 말했다. 처음에는 흥미를 보이며 나비 놀이를 하는 듯 보이지만, 곧 자신들이 하고 싶은 전쟁놀이나 음식 차리기 등을 한다. 그러면 "애들아, 오늘은 나비 놀이를 해야 해. 누가 나비 해볼래?"라며 유아들의 자발적인 놀이를 교사의 계획대로 바꾸고자 개입했다.

- 교구장 속 놀잇감은 최대한 많이 있어야 한다고 생각했다.

  생활주제만 바뀌면 각 영역에 있는 놀잇감을 바꿔야 한다는 생각에 유아의 놀이와는 상관없이 놀잇감을 가득 채웠다. 나는 놀잇감을 채운 것이 아니라 교사인 나의 욕심을 채운 것이었다.

- 놀이 중에 생기는 다툼은 놀이를 방해한다고 생각했다.

  놀이 중에 다툼이 생기면 해당 유아는 놀이를 중단하고 언어 영역에서 쉬도록 했다. 그러면서 "너희들의 다툼으로 우리 반 친구들의 놀이가 방해되었어"라고 유아들을 혼냈다. 놀이 속에서의 다툼은 유아들이 서로를 통해 배우는 과정이며, 유아 스스로 해결할 능력이 있다는 사실을 믿어주지 못했다.

- 유아들의 작품은 환경판에 예쁘게 붙여주어야 한다고 생각했다.

  유아들은 그림을 그리거나 만들기를 하면 꼭 소개를 하고, 교실 어딘가에 붙이거나 전시하고 싶어 했다. "선생님이 해줄게"라고 말하고 며칠 동안 가지고 있다가 한참이 지난 후에 환경판에 예쁘게 붙여주었다. 유아들은 자신이 만든 작품으로 바로 놀이를 하거나 원할 때 환경판에 붙이고 싶은 마음이 더 컸다.

- 멋진 결과물이 있어야 한다고 생각했다.

  유아에게 교사의 손길이 들어간 멋진 결과물은 아무런 의미가 없었다. 유아는 이면지에 색연필로 그은 줄 하나라도 자신이 한 것이면 보물처럼 소중하게 다뤘다.

- 놀이를 위해서는 꼭 규칙이 있어야 한다고 생각했다.

  놀이를 시작하기 전 놀이 시간보다 더 길게 규칙에 대해 이야기를 했다. 약속이나 규칙은 반복하고 반복해도 잘 지켜지지 않기 때문에 더욱 강조해야 한다고 생각했고, 사고나 다툼을 미리 방지하고 싶었다. "~하지 마세요. ~하지 않아야 해요"라는 약속보다는 유아 스스로 만들고, 언제든 원할 때 바꿀 수 있는 약속 한두 가지면 충분했다.

- 화려한 자료가 있어야 잘 놀 것이라 생각했다.

  알록달록하고, 크기도 크고, 완성도가 높은 자료가 유아의 흥미를 끌 것이라고 생각했다. 자료가 유아의 흥미를 자극하면 집중해서 더 잘 놀 줄 알았다. 그러나 택배 상자, 전단지, 병뚜껑, 재활용품 등 버려진 물건들도 유아의 손에 의해 멋지게 재탄생할 수 있었다.

- 교구장은 고정된 것인 줄 알았다.

  도미노 놀이를 하던 유아가 교구장에 막혀 블록을 세우지 못했다. 한참을 고민하던 유아가 "여긴 왜 막혀있어요?"라고 이야기했다. 유아의 눈에서 교구장은 막다른 벽과 같았던 것이었다.

2. 교사는 이래야 하는 줄 알았습니다

- 철저한 감독자여야 되는 줄 알았다.
- 유아들에게 새로운 놀이를 계속 가르쳐야 하는 사람인 줄 알았다.
- 자유놀이 시간은 교사가 쉬고 싶거나 바쁠 때 유아들에게 선물인 듯 주는 시간인 줄 알았다.
- 자유놀이 시간에 교사는 다음 수업 준비와 밀린 일을 해도 되는 줄 알았다.
- 놀이하지 않고 돌아다니거나 멍하니 앉아 있는 유아가 있으면 꼭 가서 놀아줘야 하는 줄 알았다.
- "여기 봐! 웃어봐!" 하며 사진을 찍어야 하는 줄 알았다.
- "그만, 그만. 안 돼! 시간 없어 정리해!"라고 말해야 하는 사람인 줄 알았다.

놀이의 가치 발견하기

1. 유아들의 놀이에서 배움을 발견했습니다

- 자연 속에서 만난 꽃, 나무, 풀이 무지개가 되었다.
- 스스로 쑥과 풀을 비교하며 친구들과 이야기를 나눈다. 풀을 보고 쑥이라고 말하자 뒤집어서 "하얀빛이 나야 쑥이야"라고 말했다. 그리고 친구에게 쑥 향기를 선물한다.
- 비 오는 날 바깥 놀이는 힘들다고 하니 "달팽이를 찾으러 가야 해요"라고 말한다. 비가 와야 달팽이를 만날 수 있다는 것을 알고 있었다.
- 자동차가 다니는 도로를 얇은 박스로 만들었지만 금방 망가져 버렸다. 하지만 포기하지 않고 모든 친구가 사용할 수 있는 튼튼한 경사로를 만들겠다며 우드락을 찾아왔다.
- 축구 골대로 축구만 할 줄 알았다. 하지만 아이들의 말 한마디에 골대의 그물은 거미줄이 되었고 재미있는 거미줄 놀이가 이루어졌다.

- 터널처럼 숨을 수 있는 공간은 유아들에게 최고의 놀이 공간이다. 이곳은 비밀기지가 되었다가 역할 놀이 집으로 변신하며 여러 가지 놀이가 일어난다.
- 유치원에 온 각종 택배 상자는 집이 되고, 소방서가 되고, 유모차가 되어 오늘도 내일도 다음 주도 다양한 놀이를 만들어낸다.
- 함께 놀며 문제를 해결하는 모습을 발견한다.
- "어제 한 놀이 계속하기로 했잖아요." 자신이 좋아하는 놀이는 기억하고 계속하고 싶어 한다. 같은 놀이 같지만, 매일 놀이는 변화하고 깊어진다.
- 유아는 궁금하거나 관심 있는 것은 끝까지 집중해서 활동한다.
- 친구와 놀던 중 망원경이 망가지자 화가 난 친구에게 자신이 만든 망원경을 내어주며 기분을 풀어주려고 한다. 놀이 속에서 관계에 필요한 사회적 기술을 스스로 알아간다.
- '아이스크림 가게' 글자를 적고 싶어 해서 교사가 도움을 주려고 하자 혼자 할 수 있다고 했다. 그러고는 책에서 아는 글자를 찾아 천천히 '아이스크림'을 적었다.

2. 유아들의 놀이 속에서 깨달았습니다

- '언제 놀아요?' 묻는 유아들을 보며 알았다.
  유아는 지금 하고 있는 활동을 그만하고 싶은 것이었다. 지금 하고 있는 활동이 재미없고, 놀이라고 생각되지 않아 지루한 것이었다. 유아의 흥미를 살피며 하던 활동을 마무리할 줄 아는 용기가 필요하다.
- 공 하나만 들었을 뿐인데 "○○ 하고 놀아요"라고 바로 말하는 유아들을 보며 알았다.
  공을 보여주며 약속을 정하고, 놀이 방법을 설명해주는 동안 유아의 생각 주머니에서는 반짝반짝한 생각이 수없이 쏟아져 나오고 있다는 것을 알았다.
- 놀이 시간보다 약속을 정하는 시간이 길어질 때 유아의 얼굴을 보고 알았다.
  몸을 비비 꼬고, 고개를 돌리며 집중하지 못 하는 행동은 놀이를 빨리 시작하고 싶다는 신호였다.

- 교사가 열심히 준비한 수업을 망치는 유아들을 보며 알았다.

  유아들은 자신만의 방법으로 배운다. 그러나 교사의 눈으로는 그것을 파악하는 데는 한계가 있었다. 화려하고 많은 자료보다 중요한 것은 유아들을 믿는 마음과 기다림이다.

- "나 하기 싫은데"라고 말하면 교사도 내려놓아야 한다는 것을 알았다.

  '나 하기 싫은데'는 유아들의 게으름이 아니었다. 자신의 현재 상태를 정중하게 교사에게 표현해주는 것이었다.

- 기다림이 필요하다는 사실을 알았다.

  충분한 시간이 주어졌을 때, 놀이 경험이 많을 때, 기다려주었을 때, 기회를 주었을 때 유아들은 자기 생각 주머니에서 멋진 놀이를 꺼냈다.

- 휴식과 쉼이 필요하다는 사실을 알았다.

  휴식과 쉼은 유아들이 잘 놀 수 있는 힘이 되었다. 이러한 에너지가 쌓이면 유아들이 더욱 활발하게 놀이하며 배울 수 있었다.

실천을 통해 정리해본 놀이 속 교사의 역할

기존에는 수업을 계획하고, 실행하는 것을 교사의 역할로 봤다면 놀이중심 교육과정에서는 이를 넘어 유아의 놀이를 이해하고 지원해주는 것을 강조하고 있다. 이를 위해 개정된 누리과정에서는 교사의 자율성을 최대한 존중하고 있다. 따라서 교사는 유아의 놀이에 대한 이해와 그 속에서 교사가 어떤 역할을 해나가야 하는지 깊이 있게 알아볼 필요가 있다.

놀이에 귀 기울이기

'어떤 재미있는 놀이가 펼쳐질까?', '놀이 속에 어떤 궁금증이 생길까?', '어제에 이어 오늘은 어떤 이야기가 전개될까?' 이런 기대감을 가지고 유아의 놀이를 관찰하고 발견한다.

1. 놀이를 관찰할 때 다양한 시각으로 접근한다

단순히 유아가 누구와 어떤 놀이를 하고 있는지만 살펴보는 것이 아니라 유아의 입장에서 놀이를 이해하려는 노력이 필요하다. 유아가 무엇을 가지고 어떻게 놀이를 하고 있는가? 이 놀이는 반복적인가? 이 놀이에서 유아가 흥미와 즐거움을 느끼는 부분은 어디인가? 흥미를 보이는 것은 새로운 것인가, 아니면 익숙한 것인가? 오래 지속될 흥미인가? 많은 유아가 흥미를 가질만한 놀이인가? 재료를 한 가지 방법만으로 사용하는가, 아니면 다양한 방법으로 재료를 결합하는가? 무엇을 표현하고 싶어 하는가? 자기 생각을 어느 정도까지 표현할 수 있는가? 유아의 놀이는 끝나 가는가? 아니면 여전히 몰입하고 있는가? 에너지의 수준은 어떠한가? 쉬는 시간이 필요한가? 유아의 발달 수준이나 과업은 무엇인가? 유아가 놀이의 목적과 의미를 이해하고 있는가? 등등 교사는 다양한 시각으로 놀이를 관찰하여 유아의 생각과 의도를 발견하고 이해해야 한다.

2. 유아의 일상적인 놀이를 주목하여 관찰한다

유아의 놀이는 지극히 평범하고, 반복되는 자신의 일상 속 경험에서 시작된다. 프로젝트가 될 것 같은 큰 사건이나 특별한 행동을 기다리기보다는 짧고 평범한 놀이에 주목하여 기록한다.

3. 모든 활동에 반응할 수 없음을 인정한다

동시다발적으로 이루어지는 유아들의 놀이와 흥미를 모두 관찰할 수는 없다. 다만 교사는 우리 반 유아에 대해 누구보다 잘 알고 있기 때문에 그들에게 무엇이 의미가 있는지 판단할 수 있다. 무엇을 기록하고 반응해야 할지에 대한 자신의 판단을 믿어야 한다. 관찰하는 것이 어렵다면 한 영역을 정해서 관찰해도 좋다. 전체 맥락을 보면서 한 영역에서 시작하여 점점 넓혀나갈 수 있다.

4. 관찰을 토대로 동료 교사와 대화를 나눈다

유아의 진짜 놀이를 위해서는 교육과정 교사와 방과후과정 교사가 서로 소통해야 한다. 키워드 중심의 작은 메모, 교사의 기록, 짧은 대화 시간 등을 활용해 유아의 놀이 모습을 공유하고, 지원 방법에 대해 함께 머리를 맞대는 시간이 필요하다. 바쁜 일과지만 잠깐이라도 의견을 교환하는 시간을 통해 일관성 있게 유아를 지도할 수 있어 유아의 발달에 긍정적인 영향을 줄 수 있다.

유아의 흥미를 제대로 이해하고 반응하고 있는지에 대한 확신이 없을 때 동료 교사나 멘토와 놀이 과정에 대해 이야기를 나눠 전문지식을 공유하거나 해결 방법을 찾아볼 수 있다.

5. 일화 기록, 사진 · 동영상 촬영, 녹음 등 자신에게 편안한 방법을 사용한다

포스트잇이나 학급일지에 간단하게 기록하여 정리할 수 있다. 사진이나 동영상으로 촬영할 때는 유아에게 포즈를 요구하지 말고, 자연스러운 놀이 과정을 찍는다.

놀이 지원하기

교사는 유아의 개별적 요구를 지원해야 한다. 도움이 필요한 유아가 있는지 파악하고, 교사에게 도움을 요청하는 유아가 있다면 적절한 지원을 한다.

1. 수용하기

- 놀이하는 과정에서 유아의 주도성을 최대한 반영한다.
- 교사가 계획한 활동을 충실히 전개하기보다는 유아의 반응과 관심사에 따라 놀이를 진행, 변형(축소 및 확장), 중단할 수 있다고 생각하고 준비한다. 활동에 흥미를 보이지 않는 유아는 자신이 원하는 놀이를 할 수 있도록 허용해줄 수 있다. 교사가 계획한 활동이라고 해서 꼭 대집단 활동으로 전개해야 한다기보다는 흥미가 있는 유아를 중심으로 소집단, 개별 활동으로 진행할 수 있다. 활동을 하다 보면 다른 놀이를 하던 유아들도 중간에 참여할 수도 있다. 유아의 흥미를 바탕으로 활동을 준비하지만 많은 아이들이 관심을 보이지 않는다면 활동의 방향이나 수준이 적합했는지 돌아보고, 적절하게 변형하려는 노력이 필요하다.
- 유아의 의견을 수용하면서 적절하게 개입한다. 유아에게 주도권을 주는 것에 초점을 맞추다 보면 교사가 방향을 정하고 개입해야 하는 순간에도 '이렇게 하면 유아의 자유를 제한하는 것은 아닌가?' 하는 혼란을 겪을 수 있다. 놀이중심 교육과정은 유아를 존중하면서도 교사의 생각까지 포함하여 의사소통해 나가는 것이다.

2. 지지하기

'정말 놀이만 하는데 아이들이 배울 수 있을까?' 이런 우려를 표하는 교사가 많다. 놀이중심 교육과정을 실천하기 위해서는 먼저 유아가 가진 능력이 크다는 사실과 놀이의 힘에 대한 믿음이 필요하다. 유아가 놀이에 몰입해 있다면 교사가 개입하지 않아도 자연스럽게 배움이 일어날 수 있다는 확신을 가져야 한다.

- 유아의 놀이를 있는 그대로 봐주면서 놀이 상황을 말로 표현하고 격려한다. 교사의 인정과 격려는 유아에게 자신이 하고 있는 놀이가 중요하다는 느낌을 줄 것이다.
- 유아가 스스로 배움에 도달할 수 있다는 판단이 든다면 믿고 기다려준다. 교사는 유아가 빨리 목표에 도달할 수 있도록 도와주기보다는 깨달음과 배움의 순간을 스스로 경험할 수 있도록 충분한 시간을 제공해주는 것이 좋다. 반복하여 놀이를 하는 어느 순간 유아에게 배움이 일어날 것이다.

3. 개방적 환경 제공하기

가) 시간

- 시간의 경계 허물기

  유아가 자발적으로 탐색하고 몰입할 수 있도록 충분한 시간을 제공한다. 10시가 되면 정리하고 대·소집단 활동을 준비하던 일반적인 일과 운영에서 벗어나 유아 중심에서 다시 생각해본다.

- 시간 운영에 유아의 소리 반영하기

  하루 일과를 운영함에 있어 작은 부분에서부터 유아와 함께 정해본다. 놀이 시간을 정하고 마무리하는 것까지 유아에게 의견을 물어 함께 결정한다. 놀이가 마무리되었는데도 다시 놀이를 하고 싶어 한다면, 유아들과 상의하여 놀이 시간을 늘릴 수도 있다.

나) 놀이 집단 구성

유아의 발달 수준과 요구에 맞춰 집단 활동의 형태를 결정한다. 유아가 놀이에 즐겁게 참여할 수 있도록 개별 활동, 소집단, 대집단의 형태 중에서 가장 적절한 방법을 선택한다.

다) 자료

- 생활주제의 틀에서 벗어나기

  유아의 놀이가 어느 방향으로 흘러가고 있으며, 놀이 속에 부족하거나 필요로 하는 자료가 무엇인지, 현재 유아의 흥미를 끄는 자료가 무엇인지 등을 파악하여 자료를 제공해줄 수 있다.

- 개방적인 자료 제공하기

  유아의 놀이를 확장시켜 주면서 다양한 선택과 가능성이 있는 개방적 자료를 제공해준다. 개방적 자료는 유아가 다양한 방법으로 조작하거나 변형이 가능하여 놀이 시에 자유롭게 이용할 수 있는 것을 말한다.

- 유아가 선택하는 자료 제공하기

  유아의 요구에 따라 적절한 물리적 지원을 할 수 있다. 이때 선택은 유아의 몫으로 남겨둔다. 교육 기자재로만 생각했던 책상, 의자, 교구장도 유아의 놀잇감이나 활동 자료로 활용될 수 있다.

- 자연에 있는 모든 것이 자료라고 생각하기

  바람에 흔들리는 태극기, 풀숲 사이를 뛰어다니는 메뚜기, 땅에서 발견한 공벌레와 개미, 파란 하늘, 민들레 등은 모두 유아의 눈에는 재미있는 놀잇감이다. 이런 놀잇감을 활용할 수 있도록 밖으로 자주 나가는 기회를 제공한다.

라) 공간

- 흥미 영역 경계 허물기

  늘 고정된 장소에 있는 책상과 교실 가득 있는 교구장은 유아의 요구에 따라 옮기거나 없애 큰 놀이 공간을 제공할 수 있다. 또한 이름표를 붙인 영역에서만 활동하는 것이 아니라 놀잇감이나 놀이 공간을 유아의 놀이에 따라 이동할 수 있도록 허용한다.

- 함께 모이는 공간 활용하기

  교실 가운데 함께 모이는 공간은 놀이 시간에 잘 사용되지 않는 공간이었다. 그러나 이 공간은 교실 속 다른 공간에 비해 넓다. 이 공간을 유아들에게 돌려주어 유아의 놀이가 확장될 수 있도록 한다.

- 공간의 소유권을 유아에게 주기

  유아가 가장 많은 시간을 보내는 교실이라는 놀이 공간을 사용하는 데 유아의 의견을 최대한 반영해주며 유아가 주도적으로 이용할 수 있도록 허용해준다.

4. 함께 놀이하기

유아가 함께 놀이하기를 요청하거나 문제해결 과정에서 어려움을 겪고 있는 경우 또는 비계설정을 위해 유아의 수준과 정보를 알기 위해 교사는 놀이 참여자가 될 수 있다. 이때 많이 하는 실수는 교사가 순간 놀이를 이끌거나 유아의 놀이 흐름보다 앞서는 것이다. 놀이의 흐름이 끊기거나 방해가 되지 않도록 주의하며 적절하게 참여하는 것이 바람직하다. 또한 문제해결 과정에서 교사가 답을 알려주기보다는 공동의 학습자가 되어 도움을 주거나 좋은 모델을 제공할 수 있다.

5. 비계 설정하기

유아의 흥미, 지식, 발달 수준이 어느 정도인지 관찰하여 놀이에 대한 몰입을 확장할 방법을 모색해야 한다.

- 유아의 사고가 확장되도록 생각을 키우는 대화를 할 수 있다.
- 유아가 최선의 방법을 찾을 수 있도록 직접 경험의 기회를 제공한다.
- 좀 더 경험이 많은 유아가 가까이에서 도와줄 수 있도록 제안하여 사회적 학습이 일어나도록 한다. 그리고 자신의 놀이나 작품을 다른 유아들에게 소개하는 기회를 제공하여 흥미를 확장하거나 다양한 놀이가 만들어지도록 돕는다.
- 주제와 관련된 체험학습을 통한 경험이나 전문가를 초빙하여 유아의 사고를 확장시켜줄 수 있다.

놀이 중심으로 계획하기

지금까지는 연간교육계획에 유아들이 해야 할 내용을 욕심껏 담았고, 주간교육계획에도 촘촘히 활동을 채웠다. 하지만 이건 모두 교사의 활동이었다. 하루 일과에 여유가 없으면 유아들의 놀이를 기다려줄 수가 없다. 유아에게 놀이를 돌려주기 위해서는 욕심을 조금씩 비우고, 덜어내야 한다.

1. 교육계획을 세울 때는 유아가 주체가 될 수 있도록 빈자리를 만든다

- 꼼꼼하고 체계적인 교육계획에서는 유아의 흥미와 요구를 반영하기 어렵다. 계

획된 활동을 모두 하지 못해 수업에 소홀한 것 같은 죄책감이나 부담감은 내려놓고, 언제든지 활동이 변경되거나 추가될 수 있다는 생각을 가지고 계획한다.

- 모든 생활주제를 다루기보다는 유아가 흥미를 가질 만한 작은 단위의 주제를 선정하거나 재구성한다.
- 유아의 흥미에 따라 계획하지 않았던 놀이도 할 수 있게 빈자리를 만들어놓는다.

2. 관찰을 토대로 발견한 놀이를 성찰하는 시간이 필요하다

교사들은 유아에게 즉각적으로 반응하여 활동을 하고 싶어 한다. 그러나 때에 따라서는 보고 들은 것의 의미를 찾아 놀이적 요인과 교육적 의미를 고려하여 어떻게 활동으로 연결할 것인지 고민하는 시간도 필요하다.

3. 교사가 주도한 놀이에는 놀이적 요인을 반영하고,
유아가 주도하는 놀이에서는 교육적 의미를 더해 균형을 이루어야 한다

즐거움, 선택, 주도성, 몰입, 과정 지향성이라는 놀이적 요인(경기도 교육청 〈놀이 2017〉)을 최대한 반영하여 교사가 주도한 놀이라고 하더라도 유아가 만든 놀이처럼 느끼도록 한다. 놀이 과정에서 유아가 스스로 선택할 수 있는 부분은 어디일까? 유아가 즐겁게 참여하려면 어떻게 해야 할까? 불필요한 규칙이나 제약이 있는가? 등 교사 주도의 놀이를 계획할 때는 다방면으로 점검할 필요가 있다. 계획하지 않았지만, 유아의 놀이에서 확장된 활동에도 교육적 의미를 찾거나 교육과정과의 연계를 통해 배움이 일어나도록 도울 수 있다.

2장

. . .

놀이중심 교육과정에
한 걸음 더 나아가기 위한 준비

놀이중심 교육과정 운영을 위해 변화되어야 하는 요소

교육의 기본 방향 세우기

유치원 교육계획은 유치원의 실태를 분석하여 유아에게 필요한 일 년의 교육 활동을 보여준다. 그러나 좀 더 현실적으로 이야기해보면 누가 처음 만들었는지 모르는 문서를 계속 복사해서 사용하기도 하고, 어느 유치원 내용이 좋다고 하면 가져와서 그대로 사용하기도 했다. 또한 교육계획 속의 각종 표나 연간계획에 빈칸이 없도록 무엇이든 가득 채우려고 노력했다. 1, 2월 열심히 하여 한 권의 책이 완성되면, 그 후로는 주간교육계획안을 작성할 때 외에는 찾지 않았다. 일 년의 교육 활동에 대한 계획이라기보다는 그냥 문서였다.

놀이중심 교육과정의 출발점인 계획 단계에서 유치원 교육계획은 아주 중요한 요소이다. 즉흥적이고 창의적인 유아의 놀이 특성에 비추어보았을 때 사전에 모든 활동을 계획한다는 것은 사실상 어렵다. 그래서 놀이중심 교육과정을 반영한 교육계획에는 교육철학만 간결하게 담기면 좋겠다는 생각까지 했다. 하지만 5개 영역별 목표와 중점 활동에 익숙한 교육계획에서 갑작스럽게 교육철학만 남긴다면 혼란이 더 가중되지 않을까 싶다. 따라서 놀이중심 교육과정으로 가는 과도기적 현시점에서 적절한 방법을 찾아보고자 했다.

유치원 교육계획을 세우며 가장 중점을 둔 두 가지는 실제로 운영하지 않는 내용을 과감히 삭제하여 전체의 내용을 줄여보는 것과 유아의 놀이가 들어갈 수 있는 빈자리를 마련해 여유 있는 교육과정을 운영해보는 것이었다.

1. 교육계획 속 목표 줄이기

대부분의 유치원에서는 5개 영역에 맞춰 5개의 목표를 세운다. 또 그에 따르는 중점 활동을 목표별로 1개 또는 2개까지 계획한 유치원도 많다. 그렇게 되면 총 5개에서 10개의 활동에 대한 연간계획을 세우고 이를 주간교육계획안에 반영했다. 수정과 보완을 거듭하며 만들어가는 교육과정이라 하지만, 계획한 것을 실천하는 것조차 힘들었다. 그래서 교육계획 속 목표부터 줄이기로 했다.

- 우리 유치원 유아들이 가장 좋아하는 것은 무엇인가?
- 잘 놀기 위해 우리 반 유아들에게 필요한 것이 무엇인가?
- 학부모님들은 우리 유치원에서 무엇을 해주길 바라는가?
- 유아의 놀이를 위해 우리 유치원이 가진 특별함(환경, 자료, 구성원 등)은 무엇인가?

우리 유치원 사례를 잠깐 이야기하려고 한다. 이건 어디까지나 우리 유치원만이 가질 수 있는 계획이며, 이를 참고하여 각자의 유치원에 맞는 계획을 만들어가길 바란다. 우리 유치원 유아들은 모든 유아가 그렇듯 바깥 놀이와 자유놀이를 가장 좋아했고, 바깥 놀이에서도 자연에서 곤충을 잡거나 동산에 올라 놀이하는 것을 좋아했다. 나는 유아가 좋아하는 놀이를 잘하기 위해서는 몸과 마음의 건강이 우선되어야 한다고 생각했다. 학부모님은 유치원에서 마음이 따뜻한 유아로 자라길 바라며 인성교육과 다양한 놀이의 경험이 이루어지면 좋겠다고 했다.

이를 바탕으로 몸과 마음이 건강한 유아, 자신의 생각을 표현하며 놀 줄 아는 유아, 이렇게 2가지로 교육 목표를 정했다. '몸과 마음이 건강한 유아'로 기르기 위해서 함께하는 놀이를 즐기는 것과 유아가 좋아하는 노래를 부르는 것을 중점으로 정했다. '자신의 생각을 표현하며 놀 줄 아는 유아'로 기르기 위해서는 유아가 만드는 놀이와 유치원 주변 동산을 반영해 자연에서의 놀이를 중점으로 정했다. 유치원의 특색활동

교육의 기본 방향 예시

유치원 교육의 기본 방향

1. 교육 목표

몸과 마음이 건강한 유아

자신의 생각을 표현하며 놀 줄 아는 유아

2. 교육 중점

| 함께하는 놀이와 노래를 통해 건강한 마음 기르기 | 1. 함께하는 놀이 즐기기
2. 예쁜 마음을 가지는 노래 부르기 |
| 자신의 생각대로 놀이하기 | 1. 유아가 하고 싶은 놀이하기
2. 자연에서 다양한 놀이 즐기기 |

3. 특색 교육

유아가 즐거운 '놀이의 날' 운영하기

으로는 놀이 시간이 충분해도 늘 놀이에 목말라하는 유아들을 위해 자신들의 하고 싶은 놀이를 주 1회 할 수 있도록 '놀이의 날'을 운영하는 것으로 정했다.

2. 유아가 만드는 놀이가 들어갈 빈자리 마련하기

'자신의 생각대로 놀이하기'는 상황에 따라 유아가 하고 싶은 놀이로 채워질 수 있도록 사전에 계획을 세우지 않고 빈자리로 두었다. 교사는 놀이를 관찰하며 유아의 놀이를 수업으로 이끌어갔던 과정을 기록했다. 과감하게 빈자리로 두었기에 유아의 자유놀이를 더욱 여유 있게 바라보며 지원해줄 수 있었으며, 유아의 흥미가 모아진 놀이를 수업에 반영하는 유연성도 갖출 수 있었다.

놀이중심 교육과정에서 강조하는 것은 각 유치원에 맞는 교육과정을 만드는 것이다. 책에 소개된 사례는 실천 과정의 일부분이다. 교육과정의 전문가가 아니기에 누군가는 틀렸다고 말할지도 모른다. 그럼에도 사례를 제시하는 이유는 놀이중심 교육과정을 어렵게 생각하지 않고 많은 선생님이 변화를 시도해보기를 바라는 마음 때문이다. 제시한 사례를 바탕으로 더 나은 놀이중심 교육과정이 나오길 바란다.

유아가 만드는 놀이가 들어갈 빈자리 예시

월	주	생활주제	만들어가는 놀이	
			유아의 자유놀이	유아의 놀이를 수업으로
3	1(4~8)	유치원과 친구 (건강과 안전, 생활도구, 세계 여러 나라)		
	2(11~15)			
	3(18~22)			
	4(25~29)			
4	1(1~5)	봄 (동식물과 자연)		
	2(8~12)			
	3(15~19)			
	4(22~26)			

유아가 만드는 놀이를 기록한 빈자리 예시

		생활주제	주제			
4		봄 (동식물 과 자연)	1(1~5)	친구와 함께 즐기는 봄		
			2(8~12)	봄의 식물 ~~과 자연~~		
			3(15~19)	봄에 만나는 동물		
			4(22~26)	자유주제(유아들과 놀이 정해보기)		
5		나와 가족	1(29~3)	소중한 나(어린이날 축제)		
			2(6~10)	소중한 우리 가족		
			3(13~17)	행복한 우리 집		
		동식물 과 자연	4(20~24)	내가 좋아하는 동물(프로젝트)		
			5(27~31)			

연간교육계획안

유치원에는 11개의 생활주제가 있다. 놀이중심 교육과정이 강조되기 이전부터 생활주제가 너무 많다는 비판이 있어 생활주제를 통합하여 축소 운영하고 있다. 생활주제 역시 유아의 놀이나 흥미에서 찾아가는 것이 좋겠지만, 갑작스러운 변화보다는 점진적으로 작은 부분부터 변화를 시도하는 것이 좋다. 그래서 기존의 연간교육계획에 생활주제와 주제를 통합하거나 축소해 변화를 주고, 자유놀이 주제, 빈자리 주제라는 새로운 용어를 만들어 놀이중심 교육과정에 적용해보았다.

• 생활주제는 누리과정 지도서에 유치원과 친구, 나와 가족, 건강과 안전, 우리 동네, 봄·여름·가을·겨울, 동식물과 자연, 환경과 생활, 교통기관, 우리나라, 세계 여러 나라, 생활도구로 제시되어 있다. 이 외에도 유치원의 환경, 유아의 발달 수준 및 경험을 고려하여 생활주제를 자율적으로 선정하거나 재구성할 수 있다.
• 주제는 생활주제를 세분하여 교사가 필요하다고 생각한 내용이다. 생활주제와

관련하여 유아들이 충분히 탐색하고 놀이해볼 수 있는 내용으로 선정한다.

- 자유놀이주제는 유아가 주제와 관련하여 하고 싶은 놀이를 정해서 해보는 활동이다. 예를 들어, 여름 자유놀이에서는 유아가 여름과 관련하여 하고 싶은 놀이를 정하고 놀이의 순서, 방법, 규칙, 자료 등을 선택할 수 있다.

- 빈자리 주제는 주제를 정하지 않고 유아가 하고 싶은 놀이를 하거나 유아의 흥미에 따라 교사가 놀이를 계획할 수 있다. 또는 이 전에 유아의 놀이가 확장되어 계획했던 기간보다 더하게 된 경우 대체 기간으로 활용할 수도 있어서 여유롭게 교육과정을 운영할 수 있다. 본 책에서는 유아의 생각에 따라 다양한 놀이를 하게 되는 기간이라서 '유아상상놀이터'라고 이름 붙였다.

이러한 변화 요인을 바탕으로 4가지의 연간교육계획안을 만들었다. [예−1]이 놀이중심 교육과정으로 다가가는 작은 변화라면 [예−4]는 가장 큰 변화를 주는 것이다. 자신의 유치원이나 학급에 가장 적절한 방법을 찾아 점차 변화를 주는 것이 필요하다.

순	연간교육계획	특징점
예-1	기존 생활주제에서 작은 변화 주기	• 기존에 연간교육계획을 세울 때 흔히 사용하는 방법임. • 생활주제를 9개로 축소함. • 주별로 주제를 계획함. • 자유놀이도 주간을 설정하여 유아가 하고 싶은 놀이를 함.
예-2	생활주제를 통합하고 주제 운영에 유연성 두기	• 생활주제를 통합하여 운영함. • 주별로 주제를 계획하지 않음. • 생활주제 속 교사가 필요하다고 생각하는 주제만 계획하고 나머지는 자유놀이 중심으로 유아가 하고 싶은 놀이를 정하여 활동함.
예-3	생활주제를 축소하고 빈자리 늘리기기	• 생활주제를 축소해서 운영함. • 주제는 계획하지 않고, 주제 운영의 전개 방향만 기록함. • 생활주제와 관련하여 유아가 하고 싶은 놀이를 하거나 유아의 흥미를 최대한 따라가며 놀이할 수 있도록 함.
예-4	최소한의 생활주제와 최대한의 빈자리 두기	• 교사가 필요하다고 생각하는 최소한의 생활주제만 계획함. • 나머지는 최대한의 빈자리로 확보함. • 빈자리는 유아가 원하는 놀이를 충분히 할 수 있도록 돕고, 유아의 흥미에 따라 주제를 융통성 있게 계획할 수 있음. 교사의 자율성을 최대한 보장할 수 있으며 유아가 관심을 보이는 작은 부분까지도 놀이 주제로 운영해볼 수 있음.

계획한 놀이 주제가 있을지라도 상황이나 유아의 놀이 흐름에 따라 놀이 주제가 변경될 수도 있다. 이럴 경우에는 변경된 이유와 놀이 과정을 함께 기록하며 교육과정을 채워나갈 수 있다.

예-1. 기존 생활주제에서 작은 변화 주기

월	주	일정	생활주제	주제
3	1	02. 개학	유치원과 친구	우리 반 친구와 선생님
	2			유치원에서의 환경
	3			유치원에서의 하루 1
	4			유치원에서의 하루 2
4	1		봄	유치원에서 만난 친구
	2			봄의 날씨와 생활
	3	15. 국회의원선거		봄의 동식물
	4	22. 봄 체험학습		봄 자유놀이
	5			나의 몸과 마음
5	1	04. 재량휴업일	나와 가족	소중한 가족
	2			가족 자유놀이
	3		우리 동네	우리 동네 모습과 생활
	4	27. 마트 체험		우리 동네 역할 놀이
6	1		동식물과 자연	동물과 우리 생활
	2	09. 공룡박물관		공룡 자유놀이
	3			내가 좋아하는 동물
	4			유아상상놀이터
7	1			유아가 하고 싶은 놀이하기
	2		여름	여름의 날씨와 생활
	3	16. 물놀이체험		여름철 물놀이
	4	24. 여름방학		여름에 할 수 있는 놀이
8	5	24. 개학	유치원과 친구	즐거웠던 여름방학
9	1		교통기관	여러 가지 육상 교통기관
	2	08. 교통공원체험		항공, 해상 교통기관
	3			교통기관 자유놀이
	4		우리나라	우리나라를 나타내는 것
	5	09.30~10.02. 추석		추석(다른 나라의 명절)
10	1		가을	우리나라의 놀이와 예술
	2	14. 가을체험학습		가을 풍경 즐기기
	3			풍성한 가을 보내기
	4			가을 자연놀이
11	1			유아상상놀이터
	2	09. 영화관 체험		유아가 하고 싶은 놀이하기
	3		생활도구	다양한 생활도구
	4			컵 자유놀이
12	1	02. 눈썰매 체험	겨울	겨울철 날씨와 생활
	2			겨울에 할 수 있는 놀이
	3	18. 겨울방학		겨울 풍경 즐기기
2	1	01. 개학	유치원과 친구	즐거웠던 유치원
	2	09. 수료 및 졸업식		수료 및 졸업을 해요

주별로 주제 계획하기

"자유놀이주제" 주제와 관련하여 유아가 하고 싶은 놀이 정하기

"빈자리 주제" 유아의 흥미에 따라 주제와 놀이 정하기

- 주별로 주제는 정해져 있고, 학기당 2주씩 빈자리 주제가 계획됨.
- 자유놀이 주제도 주간을 설정하여 유아가 하고 싶은 놀이를 함.

예-2. 생활주제를 통합하고 주제 운영에 유연성 두기

월	주	일정	생활주제	주제
3	1	02. 입학식	유치원과 친구 [건강과 안전, 생활도구, 세계 여러 나라]	• 우리 반 친구와 선생님 • 스스로 할 수 있어요 • 즐거운 자유놀이 • 유치원 안전한 약속 • 친구와 함께하는 놀이
	2			
	3			
	4			
4	1	15. 국회의원선거 선거 놀이 22. 봄 체험학습	봄 [동식물과 자연]	• 주변에서 발견한 봄 • 봄 자유놀이
	2			
	3			
	4			
	5			
5	1	04. 재량휴업일	나와 가족 [생활도구]	• 건강하고 특별한 나 • 사랑하는 우리 가족 • 가족 자유놀이
	2			
	3			
6	4	03. 공룡박물관 체험학습 공룡 놀이	동식물과 자연	• 내가 좋아하는 동물 • 동물 자유놀이
	1			
	2			
	3	23. 마트 체험학습	유아상상놀이터 유아와 함께 만들어가는 주제	
	4			
7	1	16. 물놀이 체험학습 24. 여름방학	여름 [건강과 안전]	• 여름철 날씨와 생활 • 여름 자유놀이
	2			
	3			
	4			
8	5	24. 개학	유치원과 친구	• 즐거웠던 여름방학 • 즐겁고 안전한 유치원
9	1	09. 영화관 체험학습 영화관 놀이 30.~10.02. 추석	우리나라 [우리 동네, 세계 여러 나라]	• 우리나라에 대해 알아봐요 • 우리나라의 놀이 • 추석(다른 나라의 추석)
	2			
	3			
	4			
	5			
10	1	4. 가을체험학습	가을 [동식물과 자연, 건강과 안전]	• 풍성한 가을이 왔어요 • 가을 자유놀이
	2			
	3			
	4			
11	1	12. 교통안전 공원체험	유아상상놀이터 유아와 함께 만들어가는 주제	
	2			
	3			
	4			
12	1	02. 눈썰매 체험학습 18. 겨울방학	겨울 [건강과 안전]	• 겨울철 날씨와 생활 • 겨울 자유놀이
	2			
	3			
2	1	01. 개학 09. 수료 및 졸업식	유치원과 친구	• 즐거웠던 겨울방학 • 함께 만드는 유치원
	2			

생활주제
통합 운영하기

생활주제 속 교사가
필요하다고 생각되는
주제만 계획하기

"자유놀이" 중심으로
유아가 하고 싶은
놀이 정하기

"빈자리 주제"
유아의 흥미에 따라
주제와 놀이 정하기

- 생활주제를 통합하여 운영했고, 주별로 주제를 계획하지 않음.
- 교사가 필요하다고 생각되는 주제만 계획하고 나머지는 자유놀이 주제를 중심으로 운영함.

예-3. 생활주제를 축소하고 빈자리 늘리기

월	주	생활주제	전개 방향
3	1	유치원에 왔어요	유치원, 우리 반 교실, 선생님, 친구들에 대해 알아본다. 유아의 발달 수준에 알맞게 다양한 놀이로 생활지도를 한다. 유치원을 신나는 곳으로 인식할 수 있도록 관계 형성 놀이를 꾸준히 실시한다.
3	2	유치원에 왔어요	
3	3	유치원에 왔어요	
3	4	유치원에 왔어요	
4	1	따뜻한 봄이 왔어요	유치원, 바깥 놀이터 등 주변 환경과 날씨의 변화를 통해 봄이 왔음을 느낄 수 있도록 한다. 봄에 피는 꽃, 겨울잠을 자고 일어난 동물 등 유아의 흥미를 관찰하여 놀이 주제를 선정한다.
4	2	따뜻한 봄이 왔어요	
4	3	따뜻한 봄이 왔어요	
4	4	따뜻한 봄이 왔어요	
4	5	따뜻한 봄이 왔어요	
5	1	소중한 나와 사랑하는 우리 가족	어린이날, 어버이날을 통해 가족에 대한 사랑을 느낄 수 있는 활동과 가족과 관련하여 유아가 하고 싶은 놀이를 전개한다.
5	2	소중한 나와 사랑하는 우리 가족	
5	3	소중한 나와 사랑하는 우리 가족	
5	4	소중한 나와 사랑하는 우리 가족	
6	1	**유아상상놀이터**	유아가 좋아하는 주제를 중심으로 하고 싶은 놀이를 정해본다.
6	2		
6	3		
6	4		
7	1	여름을 시원하게 보내요	무더운 여름을 시원하고 건강하게 보내는 방법을 알아본다. 여름 과일, 물놀이, 아이스크림 등 유아가 관심을 가지는 주제로 하고 싶은 놀이를 함께 정해본다.
7	2	여름을 시원하게 보내요	
7	3	여름을 시원하게 보내요	
7	4	여름을 시원하게 보내요	
8	5	여름방학 즐거운 유치원	여름방학에 있었던 일에 대해 나눈다. 개학 후 개선이 필요한 생활습관을 파악하여 놀이로 지도한다.
9	1	우리나라에 대해 알아봐요	태극기, 한복, 전통 집, 탑, 민화, 우리나라를 빛낸 사람들 등 유아가 관심을 가지는 주제를 중심으로 놀이를 전개한다. 우리나라의 다양한 전통 놀이를 매주 해본다. 추석과 다른 나라의 명절에 대해 알아보고, 송편 빚기 활동을 한다.
9	2	우리나라에 대해 알아봐요	
9	3	우리나라에 대해 알아봐요	
9	4	우리나라에 대해 알아봐요	
9	5	우리나라에 대해 알아봐요	
10	1	풍성한 가을 즐기기	자연에서 꽃, 나무, 바람, 구름 등을 통해 가을을 느끼고 경험할 수 있도록 한다. 사과, 배, 감 등의 가을 과일과 곡식을 탐색하거나 이를 이용한 놀이를 전개할 수도 있다.
10	2	풍성한 가을 즐기기	
10	3	풍성한 가을 즐기기	
10	4	풍성한 가을 즐기기	
11	1	**유아상상놀이터**	유아의 흥미에 따라 자유로운 놀이가 이루어질 수 있도록 지원한다.
11	2		
11	3		
11	4		
12	1	신나는 겨울 보내기	겨울에 할 수 있는 다양한 놀이를 유아와 정해서 해본다. 겨울을 안전하고 따뜻하게 보내는 방법을 알아본다.
12	2	신나는 겨울 보내기	
12	3	신나는 겨울 보내기	
2	1	함께 만드는 유치원	일 년간의 유치원 생활을 돌아보며 수료 및 졸업식을 맞이한다.
2	2	함께 만드는 유치원	

생활주제
축소 운영하기

주별로 주제를
계획하지 않고
전개 방향만 기록함.

"빈자리 늘리기"
생활주제와 관련하여
유아가 하고 싶은
놀이하기
또는
유아의 흥미를 따라
놀이하기

- 생활주제를 축소했고, 주제는 계획하지 않아 빈자리를 늘림.
- 생활주제와 관련하여 유아가 하고 싶은 놀이나 흥미를 따라가며 운영할 수 있음.

예-4. 최소한의 생활주제와 최대한의 빈자리 두기

월	주	생활주제	주제 선정 이유
3	1 2 3 4	즐거운 유치원	유아들이 유치원은 즐거운 곳으로 느낄 수 있도록 다양한 관계형성놀이와 놀이를 통한 기본생활습관 지도를 하기 위해 교사가 생활주제를 선정했다.
4	1	봄 동산에서 놀아요.	따뜻해진 날씨에 봄에 볼 수 있는 꽃, 나비, 개미 등의 봄 동물을 만나며 유아들이 최대한 온몸으로 봄을 느끼며 놀 수 있도록 교사가 생활주제를 선정하였다.
	2		
	3		
	4		
	5		
5	1	어린이날	5월 5일 어린이날을 맞이하여 유아들이 특별한 사람이라는 것을 알 수 있는 시간을 갖기 위해 생활주제로 선정했다.
	2	아빠엄마 사랑해요	어버이날을 맞이하여 아빠, 엄마에 대해 고마움을 표현할 수 있는 시간을 갖기 위해 생활주제로 선정했다.
	3		
	4		

> 교사가 필요하다고 생각하는 최소한의 생활주제만 계획하기

> 최대한의 "빈자리로 계획하기"
>
> 유아가 원하는 놀이하기
> 유아의 흥미에 따라 놀이하기
> 유아의 놀이 확장하기

• 빈자리 주제를 채워가는 예시 •

월	주	생활주제	주제 선정 이유
4	1	봄 동산에서 놀아요.	따뜻해진 날씨에 봄에 볼 수 있는 꽃, 나비, 개미 등의 봄 동물을 만나며 유아들이 최대한 온몸으로 봄을 느끼며 놀 수 있도록 교사가 생활주제를 선정하였다.
	2	유아 상상놀이터	지난 주 따뜻한 봄 동산에서 재미있게 놀이하는 유아들을 보며 빈자리 주제로 선정하였다.
	3	낚시놀이→ 상자놀이	지난 주 금요일에 낚시놀이 도구만 만들고 마무리가 되어 낚시를 주제로 선정함. 그러나 유치원에 배달된 택배상자에 더 관심을 가져 상자놀이로 주제가 변경됨.
	4	동물원에서 만난 동물들	동물원 체험학습을 가기 전, 다녀와서 동물원에서 만난 동물들에 대해 알아보는 시간을 갖고자 생활주제로 선정했다.
	5	내가 좋아하는 동물	지난 주 동물원동물에 대한 관심이 이어져 내가 좋아하는 동물로 놀이할 수 있도록 주제를 선정하였다.
5	1	어린이날	5월 5일 어린이날을 맞이하여 유아들이 특별한 사람이라는 것을 알 수 있는 시간을 갖기 위해 생활주제로 선정했다.
	2	아빠엄마 사랑해요.	어버이날을 맞이하여 아빠, 엄마에 대해 고마움을 표현할 수 있는 시간을 갖기 위해 생활주제로 선정했다.
	3	공벌레	등원 길에 친구가 잡아 온 공벌레에 관심이 모아져 공벌레의 먹이, 생김새, 사는 곳 등 유아가 궁금한 것에 대해 알아보기로 하였다.
	4	버찌열매 놀이	벚나무에서 떨어진 버찌열매에 관심을 보여 주제로 선정하였다.

• 교사가 필요하다고 생각하는 생활주제만 최소한으로 계획하고 나머지는 빈자리 주제임.
• 유아의 흥미나 놀이에 따라 융통성 있게 주제를 운영함.
• 빈자리는 유아의 흥미에 따라 운영한 주제를 직접 기록하면서 교육과정을 운영함.

월간교육계획안

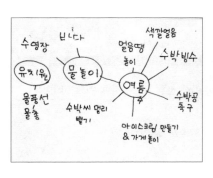

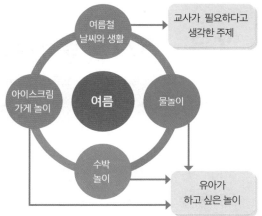

연간교육계획에 세운 생활주제나 유아의 흥미를 반영한 놀이 주제에 따라 월간교육
계획안을 유아와 만들어본다. 예를 들어, 유아들과 '여름'에 할 수 있는 놀이를 생각해
본다. 마인드맵을 보면 물놀이, 아이스크림 가게 놀이, 수박 관련 놀이, 얼음땡 놀이 등
많은 놀이가 나왔다. 놀이 과정 중에 확장되는 경우도 있고, 유아의 흥미에 따라 새로운
놀이가 만들어질 때도 있어서 활동을 줄일 필요가 있었다. 그래서 아이들과 가장 하고
싶은 놀이를 몇 가지 정하고, 이를 바탕으로 월간교육계획안을 여유 있게 작성했다.

- 여름 주제에 맞춰 크게 물놀이, 아이스크림 가게 놀이, 수박 놀이를 계획했고, 여
  름철 날씨와 안전에 대한 내용이 필요하다고 판단되어 교사가 추가했다.
- 교육계획안을 작성하다 보면 교사가 계획한 자유놀이가 이루어지지 않는 경우가
  많다. 그래서 최소한으로 유아가 관심 있고 할 수 있는 놀이를 중심으로 계획했으
  며, 모든 영역을 계획하지는 않았다. 왼쪽의 표를 보면 쌓기, 역할, 미술은 관련 활
  동을 넣었고, 언어와 수·조작은 자유롭게 놀이
  하도록 했다. 유아의 놀이는 교사가 계획하지 않
  아도 다양하게 일어난다. 그러므로 교사가 계획
  을 많이 세우기보다는 유아가 주도하여 다양한
  놀이를 할 수 있도록 한다.

쌓기·역할	• 수영장 놀이 • 아이스크림 가게 놀이
미술	• 아이스크림 만들기 • 색깔 얼음 그림 그리기
언어/ 수·조작	• 자유놀이

예-1. 자유놀이와 대·소집단 활동을 구분한 월간교육계획안

○○유치원

7월 교육활동계획

생활주제	여름	전개기간	06.29~07.24.(4주)
목 표	• 여름의 날씨 변화를 느낀다. • 여름을 시원하고 안전하게 보내는 방법을 알아본다. • 즐겁게 여름놀이에 참여한다.		
기본생활습관	땀을 흘린 후 깨끗하게 씻어요, 물놀이 안전규칙을 지켜요		
안 전 교 육	날씨에 따른 보행안전, 안전하게 물놀이하기, 식중독 예방하기		

자유놀이		관심 주제	대·소집단 활동
쌓기·역할	• 수영장 놀이 • 아이스크림 가게 놀이	이야기 나누기	• 여름철 날씨와 건강한 생활 • 유아가 하고 싶은 놀이 정하기
언어	• 자유놀이	물놀이	• 수영장 역할 놀이(안전교육) • 유치원 실외 물놀이
미술	• 아이스크림 만들기 • 색깔 얼음 그림 그리기	아이스크림 놀이	• 아이스크림 가게 역할 놀이
수조작	• 자유놀이	수박 놀이	• 수박빙수 만들기 • 수박씨 멀리 뱉기 • 수박 빨리 먹기 시합 • 수박공 축구
바깥 놀이	• 유아 자유놀이 • 수박 컬링 • 공놀이 • 얼음땡 놀이	유아의 흥미에 따라 놀이 확장하기	

가정 통신문	16일(물놀이 체험학습), 21일(유치원 물놀이)

• 7월 16일 워터파크 물놀이 체험학습 준비물
  – 원복, 샌들, 간식 1개, 음료수, 수영복, 수영모자, 수건, 튜브, 비닐봉지

※ 유아의 흥미에 따라 주제나 놀이가 변경될 수 있습니다.

• 자유놀이와 대 · 소집단 활동을 구분함.
• 유아가 할 수 있는 놀이를 중심으로 자유놀이를 계획함.
• 대 · 소집단 활동은 활동의 형태(이야기 나누기, 게임, 동화 등)가 아닌 놀이 주제별로 표시함.

예-2. 마인드맵을 이용한 월간교육계획안

7월 교육활동계획

생활주제	여름	전개기간	06.29~07.24.(4주)
목 표	• 여름의 날씨 변화를 느낀다. • 여름을 시원하고 안전하게 보내는 방법을 알아본다. • 즐겁게 여름놀이에 참여한다.		
기본생활습관	땀을 흘린 후 깨끗하게 씻어요, 물놀이 안전규칙을 지켜요		
안 전 교 육	날씨에 따른 보행안전, 안전하게 물놀이하기, 식중독 예방하기		

여름철 날씨와 안전

물놀이
수영장 체험학습
유치원 실외 물놀이
(물총, 물풍선)

바깥 놀이
자유놀이
공놀이
얼음땡 놀이

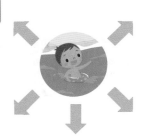

아이스크림 가게
놀이

수박빙수 만들기
수박씨 멀리 뱉기
수박 빨리 먹기 시합
수박공 축구

※ 유아의 흥미에 따라 주제나 놀이가 변경될 수 있습니다.

가정 통신문	16일(물놀이 체험학습), 21일(유치원 물놀이), 24일(여름방학식)

• 7월 21일 유치원 내 물놀이 준비물
 - 갈아입을 옷, 속옷, 샌들, 수건, 비닐봉지(이름 써주세요), 물총
 - 날씨에 따라 날짜가 변경될 수 있습니다.

• 유아가 정한 놀이를 중심으로 마인드맵을 구성함.
• [예-1] 월간교육계획안보다 더 간소화되어 유아의 흥미와 요구를 충분히 반영할 수 있음.

3. 월간교육계획안을 바탕으로 한 교육기록 예시

월간교육계획안은 해야 할 활동을 요일별로 작성하거나 순서를 계획한 것이 아니라서 주간교육계획안보다는 구체성이 떨어진다. 하지만 여유 있게 작성한 월간교육계획안은 유아의 흥미를 바로 반영할 수 있는 유연함이 있다. 다만 교사의 놀이 과정이나 수업 반성에 관한 기록이 필요하다. 일일교육계획과 같은 하루 일과에 대한 의무적 기록이 아닌 유아들의 실제 놀이 과정을 기록한다. 유아의 발달 수준, 흥미 정도, 배움이 일어난 지점 등을 판단하고, 교사의 지원이나 느낀 점 등을 적어본다. 보여주기 위한 결과물로 남기는 것이 아니라 유아의 놀이 발달과 교사의 성장을 도울 수 있는 실제적인 자료로 작성되길 바란다.

'여름' 일주일간의 놀이 기록

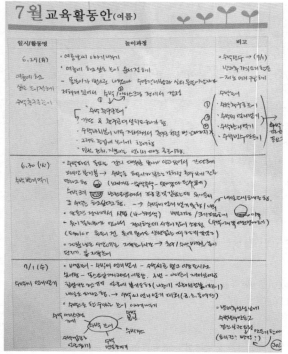

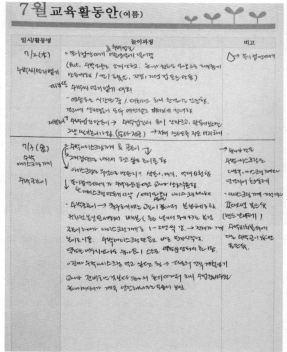

6월 29일(월) : 여름에 하고 싶은 놀이 순서 정하기, 수박 축구공 놀이

– 유아들과 여름에 하고 싶은 놀이에 대한 생각을 모아 월간교육계획안을 작성했다.

– 생활주제 '여름'을 시작하면서 가장 먼저 유아들과 놀이의 순서를 정했다. 물놀이는 체
 험학습과 유치원 실외 물놀이 날짜가 정해져 있어 이를 제외한 활동 중 수박 축구공 놀
 이를 먼저 하기로 했다. 화요일에는 수박 빨리 먹기와 수박씨 멀리 뱉기 놀이, 수요일
 에는 방과후과정 시간에 수박 빙수 만들기를 하기로 했다. 수박 빨리 먹기를 할 때 수박
 파티 동요를 들려주면 좋겠다고 생각해서 기록해두었다.

6월 30일(화) : 수박 빨리 먹기

– 수박 빨리 먹기를 하기 전 준비한 수박파티 동요를 들려주었더니 수박을 하모니카처럼
 잘라 달라고 했다.

– 수박을 많이 먹어 계획했던 수박씨 멀리 뱉기는 하지 못했다.

– 수박을 먹으면서 옷이 다 젖어 정리가 어려웠다. 다음에 같은 놀이를 한다면 물놀이를
 하기 전에 하면 좋겠다고 생각했다. 옷이 젖어도 상관이 없으므로 부담이 줄어들 것 같
 았다.

7월 1일(수) : 수박씨 멀리 뱉기-1

– 수박씨 멀리 뱉기 놀이를 한 번 더 하고 싶다고 해서 다음날에는 대회를 열었다.

– 놀이를 할수록 수박에 대한 관심이 커져 수박으로 할 수 있는 놀이를 더 생각해보았다.

– 수박껍질을 이용한 미술 놀이를 하고 싶다고 하여 방과후과정 선생님께 요리 후 껍질을
 보관해달라고 요청했다.

7월 2일(목) : 수박씨 멀리 뱉기-2, 수박껍질 만들기(자유놀이, 개별활동)

– 수박씨 멀리 뱉기 대회를 열어 놀이를 했다.

– 수박껍질을 만져보더니 느낌이 좋지 않아 만들기를 하고 싶지 않다고 했다. 그래서 자

유놀이 미술 영역에 넣어주고 하고 싶은 유아들만 하기로 했다.

7월 3일(금) : 아이스크림 가게 놀이, 수박 볼링(소집단 활동 → 대집단 활동)
– 아이스크림 가게 놀이와 수박 볼링은 소집단으로 나누어 동시에 이루어졌다가 아이스
  크림 가게 놀이로 합쳐졌다.

주간교육계획안

- 주간교육계획안을 계획했더라도 유아의 흥미나 관심에 따라 융통성 있게 수정할 수 있다.
- 월간교육계획과 마찬가지로 모든 자유놀이 영역을 계획하지 않아도 된다. 유아가 주제와 관련하여 할 수 있는 최소한의 놀이를 계획하되 실제 놀이 과정에서 어떤 놀이가 이루어지는지 기록하며 유아의 놀이를 지원하는 것이 중요하다. 자유놀이는 몇 개 영역의 놀이만 제시할 수 있고, 별도의 놀이를 제시하지 않고 유아가 하고 싶은 놀이를 할 수 있도록 최대한 지원할 수도 있다.
- 유아의 놀이가 통합적으로 이루어지기 때문에 집단 활동을 계획할 때 활동 유형을 구분하지 않을 수도 있다.
- 유아의 흥미에 따라 정한 주제라 할지라도 주말을 보내고 오거나 그날의 상황에 따라 흥미가 달라졌다면 이야기 나누기를 통해 놀이 주제를 바꿀 수도 있다.
- 많은 유아가 놀이에 관심을 보이지 않는다면 주제나 놀이 자료, 놀이 방법이 유아의 발달 수준과 흥미에 적합한지 살펴본다.

예-1. '수박 놀이' 주간교육계획안

7월 1주 주간교육계획

생활주제	여름		주 제	수박 놀이	
목 표	• 수박 놀이에 즐겁게 참여한다. • 맛있게 수박을 먹는다.				
기본생활습관	땀을 흘린 후 깨끗하게 씻어요.				
안 전 교 육	날씨에 따른 보행안전, 식중독 예방하기				

활동 \ 날짜			2일(월)	3일(화)	4일(수)	5일(목)	6일(금)
	소주제		수박으로 재미있는 놀이를 해요				
교 육 과 정		맞이하기	• 눈 마주치기, 안아주기, 하이파이브, ET 인사로 따뜻하게 맞아주기				
		인사	• '안녕' 노래로 인사를 해요				
	자 유 놀 이	역할	• 수박 아이스크림 가게 놀이				
		미술	• 수박 꾸미기 • 수박공 만들기				
		놀이	• 수박 컬링 • 자유놀이				
	유아가 정한 놀이		체육 수박 축구공 놀이	게임 수박 빨리 먹기	미술 수박껍질로 만들기	게임 수박씨 멀리 뱉기	
	교사가 계획한 놀이			음률 수박파티		동화 수박 수영장	요리 수박빙수 만들기
	바깥놀이		• 자유놀이 • 얼음땡 놀이 • 수박 축구 놀이				
	점심		맛있는 점심·이 닦기·책보기				

• 자유놀이는 모든 영역을 계획하지 않고, 유아 수준에서 할 수 있는 놀이나 흥미를 가질만한 놀이를 중심으로 역할, 미술 영역 놀이만 제시함.

• 사전에 수박으로 유아가 하고 싶은 놀이를 조사하여 이를 계획안에 반영함.

• 유아가 정한 놀이와 교사가 필요하다고 생각되는 활동을 함께 계획함.

예-2. '공룡 세상' 주간교육계획안

5월 4주 주간교육계획

생활주제	동식물과 자연	주제	공룡 세상
기본생활습관	울지 않고 말로 이야기해요	안전교육	이런 사람을 조심해요
목표	• 내가 좋아하는 공룡으로 즐거운 놀이를 한다.		

활동 \ 날짜		20일(월)	21일(화)	22일(수)	23일(목)	24일(금)
소주제		내가 좋아하는 공룡 놀이	공룡박물관 체험학습	내가 좋아하는 공룡 놀이		
교육과정	맞이하기	• 눈 마주치기, 안아주기, 하이파이브, ET 인사로 따뜻하게 맞아주기				
	자유놀이	내가 좋아하는 놀이 즐기기				
	함께하는 놀이	**내가 하고 싶은 놀이** • 공룡 그리기/만들기 • 공룡 알 만들기 • 공룡 되어보기 • 공룡 책 보기 **함께하는 공룡놀이** • 공룡 알 찾기 • 내가 좋아하는 공룡 소개하기 • 공룡박물관 체험				
	점심	손 씻기·점심·양치질				
바깥놀이		유아들이 원하는 장소에서 바깥 놀이하기 (운동장, 바깥 놀이터, 산책길, 모래놀이 등)				

※ 유아의 흥미 및 유치원 상황에 따라 놀이나 주제가 변경될 수 있습니다.

• 사전에 공룡과 관련하여 유아가 하고 싶은 놀이를 알아보고 이를 계획안에 반영함.

• 자유놀이는 영역을 구분 짓지 않고 놀이 공간 안에서 유아가 자유롭게 놀이하도록 계획함.

• 함께하는 놀이는 활동 유형을 통합하여 교사가 유아와 할 수 있는 최소한의 놀이로 계획함.

예-3. '공벌레' 주간교육계획안

6월 4주 주간교육계획 〰〰〰					○○유치원

생활주제	공벌레			주제	공벌레가 궁금해요
기본생활습관	손을 깨끗하게 씻어요			안전교육	날씨가 너무 더워요
목표	• 공벌레의 특징에 대해 관심을 가진다. • 공벌레와 함께 놀이한다.				

활동 \ 날짜		27일(월)	28일(화)	29일(수)	30일(목)	31일(금)
교육과정	맞이하기	• 눈 마주치기, 안아주기, 하이파이브, ET 인사로 따뜻하게 맞아주기				
	함께하는 놀이					
	점심	손 씻기·점심·양치질				
	휴식	휴식(조용한 활동) 및 낮잠				
바깥놀이		유아가 정하는 즐거운 바깥놀이 ♫				

함께하는 놀이 주제망:
- 공벌레처럼 움직이기 / 언제 공이 되는지 알아보기 — 움직임
- 사는 곳 알아보기 — 찾아보기
- 공벌레 몸, 다리 관찰하기 — 모양
- 공벌레가 좋아하는 먹이 찾아보기 — 먹이
- (중심) 공벌레

※ 유아의 흥미 및 유치원 상황에 따라 놀이나 주제가 변경될 수 있습니다.

• 계획된 주제가 아니라 유아가 공벌레에 흥미를 가져 주제로 정하게 됨.
• 별도의 자유놀이에 대한 계획 없이 유아의 요구에 따라 오전부터 관련 놀이를 시작함.
• 유아가 공벌레에 흥미를 가진 시점에서 하고 싶은 놀이를 알아보고, 주제망 형태로 계획함.

계획을 바탕으로 유아가 실천한 공벌레 놀이

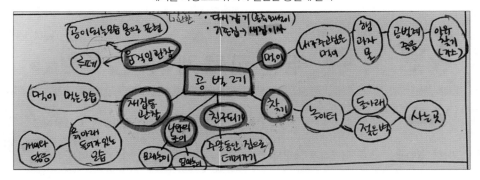

공벌레 놀이를 실천한 결과를 작성해본 주제망은 위와 같이 나타났다. 계획대로 움직임, 먹이, 사는 곳에 대해 놀이했지만 직접 경험을 통해 놀이는 더 깊이 있고, 확장되어 나타났고, 계획하지 않은 여러 가지 사건이 생겨 유아와 함께 해결하기도 했다. 예를 들어, 공벌레를 채집통에 넣어 관찰하는 과정에서 흙에 들어가 있는 모습을 보며 개미와 닮았다며 신기해했다. 또한 유아가 주고 싶어 하는 먹이를 준비해서 주었으나 공벌레가 죽게 되는 뜻밖의 문제 상황이 발생하여 원인에 대해 고민해보고, 해결 방법을 찾아보았다. 주말을 맞이하여 교실에 혼자 남을 공벌레를 걱정하여 어떻게 하면 좋을지 함께 의사결정을 해보는 과정도 놀이 중에 포함되었다.

매일 유아들이 공벌레와 어떤 놀이를 하는지 포스트잇에 적어 놀이 과정과 유아의

유아의 놀이 기록 모습

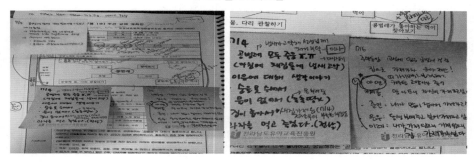

모습을 기록했다. 간단하게 적힌 포스트잇 기록을 바탕으로 요일별로 일어난 놀이를 정리해보았고, 이를 바탕으로 공벌레를 통한 전체 놀이 흐름이 파악하고, 유아의 배움과 교사의 고민 지점에 대해 생각해볼 수 있었다.

- 7/3 공벌레 집에 개미를 넣음(일부 유아) → 개미를 넣은 친구들에게 화냄 → 다른 유아들이 개미를 모두 꺼냄 → 약속 정하기(공벌레 집 안에 개미 넣지 않기, 공벌레 괴롭히지 않고 사랑해주기)
- 7/4 공벌레 모두 죽음(채집통 냄새 고약하다는 아이들), 공벌레가 죽은 이유에 대해 생각해보기(숨을 못 쉬어서, 물이 없어서, 집이 좁아서, 과자 때문에)
- 7/4 공벌레 집이 좁아서 새 집을 ○○가 가져옴
- 7/5 비가 와서 공벌레 찾기 못함
- 7/6 주말 동안 교실에 있을 공벌레 걱정 → 집으로 가져가자고 유아가 제안함 → 가위바위보 or 이유에 따라 결정 → 이유를 들어보고 결정하기로 함 → △△이가 가져가기로 함

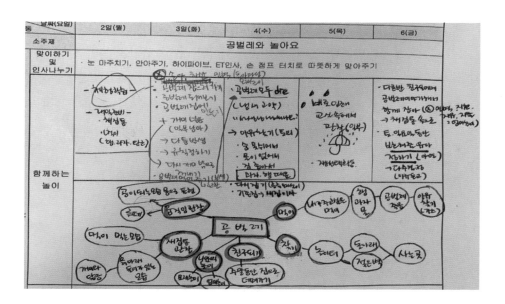

'공벌레' 놀이 속 배움 발견하기

놀이 과정 속 배움	• 공벌레가 죽은 이유를 다양한 방법으로 생각함. • 공벌레를 찾으러 다니며 우리 유치원에 공벌레가 사는 곳의 환경을 알게 됨. • 채집통을 보며 공벌레와 개미의 닮은 점 발견함. • 공벌레는 몸에 무엇인가 닿았을 때 공처럼 몸을 만든다는 것을 발견함.
놀이 속 관계에서 배움	• 개미를 공벌레 채집통에 넣은 친구들을 보며 놀이 속 규칙 정함. • 공벌레를 새집으로 이사하는 과정, 주말 동안 개미를 집으로 데려가기 위한 의사결정을 함. • 공벌레를 한 마리도 잡지 못하는 친구에게 자신이 잡은 공벌레를 양보함.
교사의 고민 지점	• 공벌레의 죽음의 원인을 정확하게 알고 싶어 하는 유아에게 설명하는 방법(교사가 정확히 알지 못하는 지식을 설명해야 할 때). • 유아의 흥미가 교사가 생각하고 있는 동물 사랑의 개념과 부딪힐 때 어떻게 해야 하는 가에 대한 고민(자연에서 살아야 하는 공벌레를 채집통에 잡아 교실로 가져가자는 유아의 요구).

실천을 통해 만들어본 놀이중심 교육과정 모형

경기도 교육청에서 발간한 〈놀이 2017〉에는 놀이적 요인을 즐거움, 몰입, 선택, 주도성, 과정 지향으로 제시했다. 놀이중심 교육과정은 유아가 놀이 속에서 즐겁게 참여하고, 흥미를 가지고 몰입하도록 이끈다. 결과 중심의 목표 달성보다는 유아가 놀이 과정에 잘 참여하고 있는가를 살펴보며 유아가 주도하여 스스로 선택하고 활동할 수 있도록 한다.

이를 바탕으로 놀이중심 교육과정의 실제 사례를 3가지 유형으로 분류했다.

- 교사가 계획한 활동에 놀이적 요인 반영하기
- 유아의 흥미에서 시작한 놀이를 계획 및 확장하기
- 유아 주도적 놀이를 의미 있는 배움으로 이끌기

놀이중심 교육과정을 실천하는 과정에서 3가지 유형의 수업 모형을 만들어보았다. 이 모형은 교사들의 이해를 돕기 위해 만든 것이지 교수학습 과정의 모델은 아니다. 또한 유아의 반응이나 흥미에 따라 언제든지 수정될 수 있다. 변화의 가능성을 염두에 두고 활동 과정과 실제 사례들을 살펴보길 바란다.

교사가 계획한 활동에 놀이적 요인 반영하기

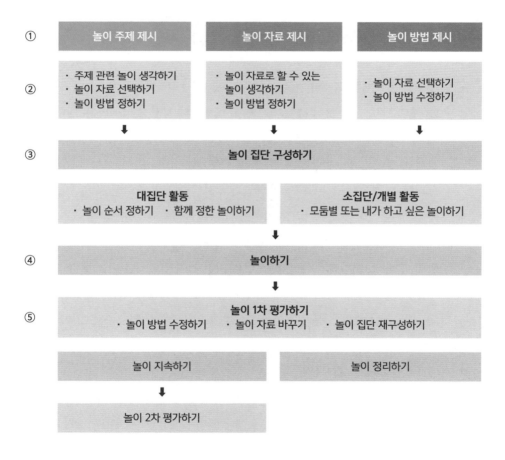

교사는 유아의 발달 수준과 흥미, 경험을 반영하여 놀이 주제, 놀이 자료, 놀이 방법 등을 계획할 수 있다.(①)

교사가 계획한 놀이 안에서 유아에게 선택과 주도권을 줄 수 있다.(②., ③., ⑤) 유아의 발달 수준과 경험, 유치원의 상황과 환경 등에 따라 융통성 있게 선택의 범위를 조정할 수 있다. 예를 들어, 교사가 놀이 방법을 제시했다면 유아가 놀이 자료나 규칙을 정할 수 있다. 또는 교사가 놀이 방법과 규칙을 제안하고 유아는 놀이 자료와 집단 구성을 선택할 수 있다. 이때 교사가 제시한 놀이 방법일지라도 유아의 의견에 따라 수정될 수 있다. 놀이 상황이나 환경에 따라 교사와 유아가 적절하게 균형을 이뤄나가야 한다.

- 교사가 놀이 주제를 제시한 경우
  - 유아는 주제와 관련하여 하고 싶은 놀이 방법이나 자료를 선택할 수 있다.
    예 1) '팥죽 할머니와 호랑이 뒷이야기 만들기'는 호랑이가 유치원에 온다는 상황을 정해놓고 유아들의 반응에 따라 놀이를 이어나간다. 유아들을 잡아먹으려고 온 경우에는 호랑이를 혼내줄 도구를 선택하여 숨을 수도 있고, 호랑이가 놀러 온 거라면 호랑이와 함께하는 다양한 놀이를 해볼 수 있다.
    예 2) '여름에 하고 싶은 놀이' 주제에 대해 유아가 물놀이, 아이스크림 가게 놀이, 수박씨 멀리 뱉기 놀이, 수박 빨리 먹기 놀이를 하고 싶다고 했다.
    예 3) '유치원에서 하는 물놀이' 방법과 필요한 자료를 아이들과 함께 계획했다. 유아들이 원하는 볼풀공, 물총, 소꿉놀이 도구를 지원해주었고, 미꾸라지 잡기를 교사가 추가하여 활동했다.
- 교사가 놀이 자료를 제시한 경우
  - 유아는 놀이 자료를 이용하여 할 수 있는 다양한 놀이 방법을 생각해본다.
    예 1) 에어캡을 교사가 제시한 경우 에어캡 터트리기, 에어캡 보물찾기를 대집단으로 함께 하고, 에어캡으로 자유롭게 만들기는 개별 활동으로 했다.
    예 2) 유아의 가을 겉옷을 놀이 자료로 제시한 경우 유아가 아기 상어 가을옷 숨바꼭질, 가을옷 꽃이 피었습니다, 가을옷 기차, 가을옷 모델 놀이를 만들어 놀이했다.

- 교사가 놀이 방법을 제시한 경우
  - 놀이 자료를 유아들이 선택할 수 있고, 교사가 제시한 놀이 방법을 수정할 수도 있다.

    예 1) 교사가 수박 볼링을 계획했다. 그리고 유아가 수박 볼링핀을 쓰러뜨릴 도구로 자동차, 인형, 블록, 수박 비치볼, 볼풀공을 선택했다. 여러 가지 도구로 놀이를 해본 후 가장 재미있었던 자동차로 수박 볼링을 했다.

    예 2) 교사는 꿀벌을 모으는 놀이를 제안했고, 유아들은 자신이 원하는 방식(포옹하기, 부탁하기, 가위바위보 등)으로 꽃에게서 꿀을 가지고 왔다.

놀이가 정해졌다면 대집단으로 한 가지 놀이를 같이할 것인지, 아니면 소집단 또는 개별로 자기가 하고 싶은 놀이를 할 것인지 교사 또는 유아가 선택할 수 있다. 대집단으로 하고 싶은 놀이가 여러 가지라면 놀이의 순서도 유아와 정해본다.(③)

교사는 유아의 놀이를 관찰하여 적절하게 지원해준다.(④)

놀이를 한 후에는 유아와의 상호작용을 통해 놀이를 계속할 것인지, 아니면 놀이를 마무리할 것인지 결정한다. 놀이를 지속할 경우 놀이 방법이나 자료를 변경하거나 놀이 규칙을 추가할 수도 있다.(⑤)

모형은 기본적인 예시일 뿐 상황과 환경에 따라 여러 가지 유형으로 바뀔 수 있다.

1. 교사가 놀이 자료를 제시한 공개수업계획안

생활주제	봄		주 제	꽃을 좋아하는 벌
대 상	만 5세 21명(남 10명, 여 11명)		활동명	꿀벌이 꿀을 모아요
활동목표	• 다양한 놀이 방법을 정해 꿀을 모으는 놀이를 해본다. • 꿀을 모으는 놀이에 즐겁게 참여한다.			
교육과정 관련 요소	• 신체운동·건강: 신체활동 즐기기 • 자연탐구: 자연과 더불어 살기			

단계	과정	교수·학습 활동	자료 및 유의점
도입 (5)	동기 유발 놀이 알기	■ 꿀벌 비비와 이야기 나누기 ·비비: 친구들 안녕? 나는 꿀벌 '비비'야! 만나서 반가워! 　　　친구들은 나를 본 적이 있니? 유진아 나를 어디서 봤어? ·유진: 놀이터에서 벌이 날아다니는 거 봤어. 진달래꽃에도 　　　앉아 있었어. ·비비: 맞아. 지금이 봄이니까 특히 나를 더 많이 볼 수 있을 　　　거야. 왜냐면 나는 봄에 피는 꽃을 아주 좋아하기 　　　때문이야. 내가 무엇을 먹고사는지 알고 있지? ·유아들: 꿀! ·비비: 맞아, 꿀이야. 꽃 친구들이 맛있는 꿀을 주기 때문에 　　　꽃을 아주 좋아한단다. 그리고 이렇게 꽃이 많이 피어 　　　있는 봄에는 열심히 꿀을 따서 집에 갖다 놓는단다. 　　　너희들도 나와 같이 꿀을 따러 가지 않을래? ■ 놀이 소개하기 ｜　　　벌이 되어 꿀을 모으는 놀이를 해봐요.　　　｜	㉖ 꿀벌 인형
전개 (30 ~40)	놀이 자료 보기	■ **놀이 자료 살펴보기** ▷ 놀이 자료를 소개한다. 　- 놀이에 필요한 자료를 살펴볼까요? 　- 벌로 변신하려면 무엇이 필요할까요? 　- 꿀벌이 그려진 쇼핑백은 왜 준비했을까요? ■ **유아가 하고 싶은 놀이 방법 정하기** ▷ 제시된 자료로 할 수 있는 놀이 방법을 생각해본다. 　- 벌이 어떤 놀이로 꿀을 모을 수 있을까요?	㉖ 꿀벌모자, 꿀통 쇼핑백, 꽃, 꿀 카드, 벌집

전개 (30)	놀이 방법 결정 하기	<예상되는 놀이 1: 벌이 꽃에게 가서 꿀 받기 놀이> 꿀 받기 '놀이 방법 정하기' ▶ 꽃에게 꿀을 받을 수 있는 방법 '생각하기' ▶ 벌과 꽃 '역할 나누기' ▶ 꽃에게 꿀 받기 '놀이하기' – 벌이 꽃에게 꿀을 어떻게 받을 수 있을까요? – 모든 꽃에 벌이 있으면 나는 어떻게 해야 할까요?	⊕ 교사가 놀이 자료를 제시하였다. 놀이 방법, 순서, 모둠 구성, 규칙, 시간 등을 유아가 결정할 수 있도록 이야기를 나눈다.
		<예상되는 놀이 2: 교실에 숨겨진 꿀 찾기 놀이> 꿀 찾기 '놀이 방법 정하기' ▶ 벌과 꽃 '역할 나누기' ▶ 꽃이 교실에 '꿀 숨기기' ▶ 벌이 꿀 찾기 '놀이하기' – 꽃이 꿀을 숨길 때 벌들은 어떻게 해야 할까요? – 벌이 찾은 꿀은 어떻게 할까요?	⊕ 꽃과 벌 역할 중 한쪽으로 치우치면 유아와 충분한 대화를 통해 의사결정을 한다.
		▷ 유아가 놀이집단 형태와 순서를 정해본다. – 모둠을 나눠서 하고 싶은 놀이를 할까요? 아니면 다 같이 놀이를 할까요? – 어떤 놀이를 먼저 해볼까요? ▷ 벌과 꽃 역할을 나눈다.	⊕ 유아의 의견에 따라 놀이집단 형태와 놀이 순서가 달라질 수 있다.
	놀이 하기	■ 유아가 정한 방법으로 놀이하기 ▷ 교사는 놀이를 관찰하여 적절하게 지원한다. ▷ 놀이가 끝나면 놀이 지속 여부에 대해 이야기를 나눈다. – 꿀 찾기 놀이를 더 할까요? 아니면 다른 놀이를 할까요? – 놀이에 더 필요한 자료가 있나요?	⊕ 놀이를 지속할 것인지 마무리할 것인지 유아에게 의견을 물어 함께 결정한다.
마 무 리 (5)	활동 정리	■ 놀이 평가하기 ▷ 놀이의 과정에 대해 이야기를 나눈다. – 꿀을 어떤 방법으로 모았나요? – 꽃에게 꿀을 얻는 또 다른 방법이 있을까요? ▷ 놀이 지속 여부에 대해 이야기를 나눈다. – 이 놀이를 더 하고 싶나요? – 놀이 방법 중에 바꾸고 싶은 부분이 있나요?	

2. 교사가 놀이 방법을 제시한 공개수업계획안

생활주제	여름	주 제	수박으로 놀아요
대 상	만 4세 18명(남 8명, 여 10명)	활 동 명	재미있는 수박 볼링
활동목표	• 놀이 도구를 선택하여 수박 볼링을 해본다. • 수박 볼링에 즐겁게 참여한다.		
교육과정 관련 요소	• 신체운동·건강: 신체활동 즐기기 • 자연탐구: 생활 속에서 탐구하기		

단계	과정	교수·학습 활동	자료 및 유의점
도입 (5)	동기 유발 놀이 알기	■ 오늘의 놀이 소개하기 ▷ '수박 종이컵으로 하고 싶은 놀이' 마인드맵을 보며 놀이를 소개한다. 　- 이 놀이는 공을 굴려서 핀을 쓰러뜨리는 놀이에요. 어떤 놀이일까요? 　- 오늘은 수박 종이컵을 이용해 볼링을 해봐요.	ⓧ 마인드맵, 수박 종이컵
전개 (30)	놀이 자료 선택 하기 놀이 집단 구성 하기 놀이 하기	■ **유아가 놀이 자료 선택하기** 　- 수박 핀으로 어떻게 볼링을 할 수 있을까요? 　- 공 외에 또 무엇을 이용해서 수박 핀을 쓰러뜨릴 수 있을까요? <예상되는 도구> 자동차, 벽돌블록, 인형, 볼풀공, 수박비치볼, 긴 줄 등 ■ **놀이집단구성 선택하기** 　- 한 명씩 돌아가면서 수박 핀을 쓰러뜨릴까요? 　- 원하는 도구를 이용해서 자유롭게 볼링을 해볼까요? ■ **유아가 선택한 도구로 볼링하기** ■ **탐구결과 이야기 나누기** 　- 수박 핀을 가장 많이 쓰러뜨린 도구는 무엇이었나요? 　- 가장 재미있게 볼링을 할 수 있는 도구는 무엇일까요? 　- 다 같이 모여서 볼링을 해볼까요? (YES or NO) 　- 무엇으로 볼링을 해볼까요?	ⓨ 놀이 자료, 집단구성, 놀이 지속 여부, 수박 핀 도우미 정하 기 등 유아가 선 택할 수 있도록 한다. ⓨ 유아의 의견 에 따라 대집단 놀이 여부를 결 정한다. 수박 볼 링에 대한 흥미 가 없으면 놀이 를 마무리한다.
전개	놀이 하기	■ **유아가 결정한 도구로 볼링 놀이하기** 　- 쓰러진 수박 핀은 누가 세울지 정해볼까요? 　- 수박 핀 10개를 놓고 그대로 놀이를 할까요? ▷ 놀이가 끝나면 놀이 지속 여부에 대해 이야기를 나눈다. 　- ○○○로 볼링을 한 번 더 할까요? 아니면 그만할까요?	
마 무 리 (5)	활동 정리	■ **놀이 평가하기** ▷ 놀이의 과정에 대해 이야기를 나눈다. 　- 무엇으로 볼링을 해보았나요? 　- 어떻게 하면 수박 핀을 많이 쓰러뜨릴 수 있을까요? 　- ○○은 왜 수박 핀을 많이 넘어뜨릴 수 없었을까요? ▷ 놀이 지속 여부에 대해 이야기를 나눈다. 　- 이 놀이를 더 하고 싶나요? 　- 놀이를 다시 하면 어떤 방법으로 해보고 싶나요?	

3. 교사가 놀이 주제를 제시한 공개수업계획안

생활주제	우리나라	주 제	우리나라 놀이와 예술
대 상	만 5세 16명(남 7명, 여 9명)	활 동 명	'팥죽 할머니와 호랑이' 뒷이야기 표현하기
활동목표	• 팥죽 할머니와 호랑이의 뒷이야기를 만들어본다.		
교육과정 관련 요소	• 의사소통: 책과 이야기 즐기기 • 예술경험: 창의적으로 표현하기		

교수·학습과정

팥죽 할머니의 편지 읽기

⬇

이야기 나누기
'호랑이가 왜 우리 유치원에 오는 것일까?'

우리를 잡아먹으려고	우리와 놀기 위해서
⬇	⬇
"어떻게 해야 할까?" ▫ 예상되는 반응: 호랑이를 혼내줄 도구 정하기, 유치원에 숨기	**"어떤 놀이를 하고 싶니?"** ▫ 예상되는 놀이: 호랑이와 춤추기, 팽이 돌리기, 딱지치기, 팔씨름, 사진 찍기 등

호랑이가 유치원에 들어오기

⬇	⬇
호랑이 혼내주기 & 이야기 나누기	호랑이랑 놀이하기

⬇

놀이 평가하기

<팥죽 할머니의 편지>

친구들 안녕? 난 팥죽 할머니와 호랑이 동화 속에 나오는 할머니란다. 이렇게 편지를 쓴 건 강물에 빠졌던 호랑이가 너희 유치원으로 간다는 소식을 전해주기 위해서야. 선생님과 함께 호랑이가 유치원에 오면 어떻게 해야 할지 이야기해보렴. 또 보자꾸나!

유아의 흥미에서 시작한 놀이를 계획 및 확장하기

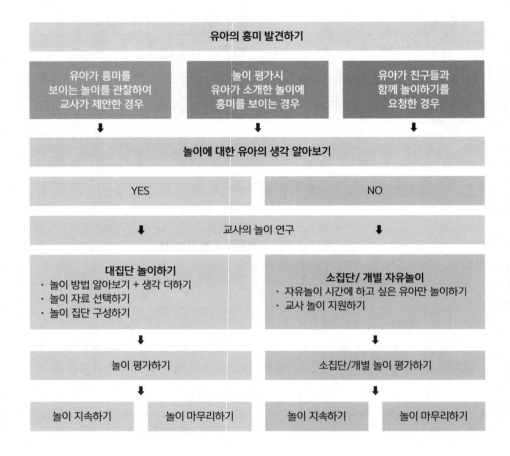

유아의 흥미 발견하기

| 유아가 흥미를 보이는 놀이를 관찰하여 교사가 제안한 경우 | 놀이 평가시 유아가 소개한 놀이에 흥미를 보이는 경우 | 유아가 친구들과 함께 놀이하기를 요청한 경우 |

놀이에 대한 유아의 생각 알아보기

| YES | NO |

교사의 놀이 연구

대집단 놀이하기
· 놀이 방법 알아보기 + 생각 더하기
· 놀이 자료 선택하기
· 놀이 집단 구성하기

소집단/ 개별 자유놀이
· 자유놀이 시간에 하고 싶은 유아만 놀이하기
· 교사 놀이 지원하기

놀이 평가하기

소집단/개별 놀이 평가하기

| 놀이 지속하기 | 놀이 마무리하기 | 놀이 지속하기 | 놀이 마무리하기 |

- 교사는 유아가 관심을 보이는 주제나 놀이를 집단 활동으로 연결하거나 지원할 수 있다. 유아가 흥미를 보이는 놀이를 발견했을 때, 놀이 평가 시 유아가 소개한 놀이에 다른 유아들이 반응을 보일 때, 유아가 친구들과 함께 놀이하기를 요청한 때에도 집단 놀이를 제안할 수 있다.
- 유아의 흥미로부터 시작된 놀이에 대한 다른 유아들의 생각을 물어본 후 대집단 활동으로 연결할 수 있다. 흥미가 없다면 하고 싶은 유아들만 소집단 또는 개별적으로 놀이를 할 수 있다.

- 놀이에 대한 의사결정을 한 후 바로 활동을 할 수도 있고, 다음날 이루어질 수도 있다. 이때 교사는 유아의 놀이 과정을 살펴 놀이적 요인을 반영하거나 지원할 수 있는 부분을 연구한다. 유아의 발달 수준과 흥미, 경험에 맞춰 놀이 방법, 자료, 규칙, 집단구성 등에서 유아가 선택하고 주도할 수 있는 부분을 찾아보고, 교사가 지원해줄 수 있는 부분에 대한 적절한 계획을 세운다.
- 놀이가 끝나면 놀이를 지속할 것인지 마무리할 것인지 유아들이 결정하도록 한다.

유아 주도적 놀이를 의미 있는 배움으로 이끌기

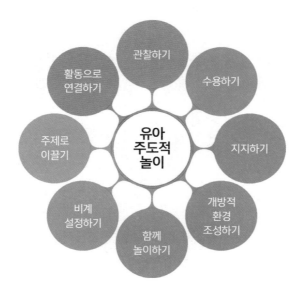

- 놀이중심 교육과정은 놀이를 통해 배움이 일어나고, 유아가 유능한 존재임을 인정한다. 그래서 유아가 놀이에 몰입해있다면 교사는 특별한 개입 없이 관찰과 기록하기만으로도 충분한 역할을 하고 있는 것이다.
- 유아 주도적 놀이를 잘 관찰하여 수용하기, 지지하기, 개방적 환경 조성하기, 함께 놀이하기, 비계 설정하기 등 상황에 맞게 적절한 지원을 할 수 있다.

- 많은 유아가 흥미를 가질 만한 놀이나 주제를 발견한 경우 집단 활동으로 연결하거나 주제로 계획하여 활동할 수도 있다.

다음은 앞의 놀이 모형에 맞춘 버찌 놀이 활동 예시이다.

버찌 놀이를 의미 있는 배움으로 이끌기

- 현장학습을 가는 길에 버찌를 이용해 놀이하는 유아들을 보며 지원한 놀이이다. 유아들은 버찌를 이용하여 버찌 좀비 놀이, 버찌 물감 그림, 버찌 알까기, 버찌 좀비 술래잡기 등의 놀이를 했다. 유아가 놀이 방법과 자료를 모두 선택하여 주도적으로 활동을 이끌어나갔고, 교사는 놀이를 관찰하며 적절하게 지원하는 역할을 했다.

2부

놀이중심
교육과정을
실천하기

3장

. . .

교사의 계획에
놀이적 요인을
더해요

01

침대 아래로 들어간
장난감을 꺼내요

🍉 **생활 속에서 자주 일어나는 문제를 놀이로 풀어봐요**

놀이를 하다 보면 교구장 뒤쪽이나 밑에 장난감이 들어가 도움을 요청하는 유아가 많다. 처음에는 교사가 교구장을 밀어내거나 긴 막대기로 꺼내주다가 유아들이 스스로 해보면 어떨까 하는 생각이 들었다. 집에서도 침대나 책상, 소파 밑에 장난감이 들어가는 경우가 많아서 이러한 문제 상황을 놀이로 풀어 다양한 탐구를 해보았다.

😄 준비물

책상, 교실 속 물건이나 장난감

😄 놀이 방법

❶ 손 인형이 나와 친구들에게 도움을 요청한다.

"안녕? 나는 지니야. 내가 자동차 장난감을 세게 밀었더니 쓩~ 하고 침대 아래로 들어가 버렸어. 아무리 손을 뻗어도 자동차를 꺼낼 수가 없었어. 너희들도 놀다가 소파나 교구장 밑에 장난감이 들어간 적 있었니? 어떻게 꺼냈어? 나 좀 도와줘."

❷ 침대 아래로 들어간 장난감을 꺼낼 방법에 대해 생각해본다.

> 교사: 지니의 자동차가 침대 아래로 들어가 버렸나 봐. 어떻게 꺼낼 수 있을까?
>
> 찬희: 유치원에 잠자리채 있잖아요. 그걸로 휙휙 하면 꺼낼 수 있을 것 같아요.
>
> 나라: 긴 블록을 연결해서 꺼내요.
>
> 하준: 장구채로 꺼내요.

❸ 침대 아래로 들어간 장난감을 다양한 도구로 꺼내 본다.

- 침대에서 활동하기가 어려워 책상과 교구장을 붙여 침대를 대신했다.
- 침대 밑에는 다양한 모양과 크기의 장난감이나 자석에 붙는 것 등을 미리 넣어놨다.

잠자리채를 제외하고는 유아가 가지고 온 도구들이 너무 짧아서 장난감에 닿지 않았다. 이 경험을 통해 막대기가 길어야 한다고 생각하게 되었고, 아이들은 점점 장난감을 이어 붙였다. 장구채와 북채를 테이프로 연결하기도 하고, 끼우기 블록을 연결하여 긴 막대기를 만들었다. 찬희는 일자 형태의 끼우기 블록으로 몇 차례 시도해보더니 끝을 'ㄱ' 모양으로 바꾸었다. 블록의 끝을 'ㄱ' 모양으로 했을 때 장난감을 더 쉽게 꺼낼 수 있음을 발견했다.

나라: 수수깡이 너무 짧다. 더 길어야 하나 봐.

다예: 테이프로 붙이자. 더 긴 것을 붙여야 할 것 같아.

나라: 빨대랑 수수깡이랑 붙일까?

나라: (빨대와 수수깡을 이어 붙인 막대로 장난감을 빼본 후) 더 붙여야 할 것 같아. 이것도 짧아.

나라는 젓가락과 빨대, 수수깡을 붙여 긴 막대를 만들어 장난감을 뺐다.

하준: 와 이것 봐. 블록 자석에 열쇠가 붙었어.

이 모습을 본 아이들은 긴 막대기에 세모 자석을 붙여서 장난감을 꺼냈다.

이 놀이를 통해 침대 밑에 깊숙이 들어 있는 장난감을 빼려면 막대기가 길어야 한다는 점과 막대기 끝이 장난감을 낚아챌 수 있게 ㄱ 모양이면 더 좋다는 점, 열쇠 같은 물건은 자석을 붙이면 쉽게 꺼낼 수 있다는 점을 유아들이 스스로 발견했다.

  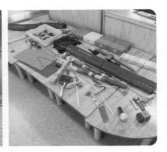

❹ 손 인형에게 침대 아래에서 장난감을 꺼낼 수 있는 방법을 알려준다.

· 침대 아래로 들어간 장난감은 긴 막대기를 이용하면 쉽게 꺼낼 수 있어.

· 자석에 붙는 물건은 긴 막대기에 자석을 붙이면 금방 꺼낼 수 있어.

· 긴 막대기 끝을 ㄱ 모양으로 만들면 장난감을 더 쉽게 꺼낼 수 있어.

• 손 인형에게 해결 방법을 알려주면서 평가를 대신할 수 있다.

✎ 놀이를 통해 경험한 교육과정 관련 요소

• 자연탐구 – 탐구과정 즐기기, 생활 속에서 탐구하기

나의 어릴 적 모습을 소개해요

😀 모두가 참여할 수 있는 놀이를 해요

　유아의 어렸을 때 사진을 교실 한 영역에 전시하거나 한 명씩 돌아가며 소개하는 방법에서 벗어나 유아 모두가 즐겁게 참여할 수 있는 방법을 고민했다. 유아들은 자신의 앨범을 가정에서 가져왔고, 친구의 어렸을 때 모습을 보며 관심을 가졌다. 친구들에게 자신의 앨범을 소개하는 방법을 정해보고 유아의 의견에 따라 놀이해보았다.

유아 앨범 또는 사진

❶ 유아가 가져온 앨범 속 자신의 모습을 보며 이야기를 나눈다.

　"사진 속 모습은 무엇을 하고 있는 것 같나요?"

　"어렸을 때 사진을 보니 어떤 느낌이 드나요?"

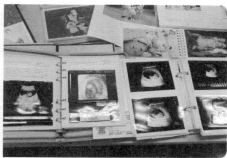

❷ 친구들에게 자신의 앨범을 소개할 방법에 대해 이야기를 나눈다.

　"자신의 어렸을 때 사진을 친구들에게 어떻게 소개해줄까요?"

　"몇 명이 모여서 이야기 나눠볼까요?"

❸ 2~4명이 만나 앨범을 보여주며 어렸을 때 모습을 소개한다.

　"이게 나야. 배가 고파서 우유를 먹고 있어."

　"이건 아직 못 걸어서 보행기를 타고 있는 모습이야. 이거 지금은 우리 이모 집에 동
　생이 타고 있어."

　• 유아들끼리 앉거나 누워서 자연스럽게 이야기를 나눌 수 있도록 한다.

　• 어느 정도 소개가 끝나간다고 판단되면 유아들에게 의견을 물어 모둠을 이동할
　　수 있도록 돕는다.

❹ 친구들의 어렸을 때 모습을 보면서 궁금한 것에 대해 묻는다.

"이 사람은 누구야?"

"무엇을 하고 있는 거야?"

"이건 몇 살 때 모습이야?"

❺ 다른 친구들을 만나 자신의 어렸을 때 모습을 소개한다.

"아직 못 만난 친구가 있나요?"

• 반 전체 유아를 만날 때까지 활동할 수도 있고, 2~3번만 모둠을 바꿔 소개할 수도 있다. 유아의 흥미에 따라 놀이의 지속 여부를 결정할 수 있다.

❻ 전체가 모여 친구들의 어렸을 때 사진을 본 소감을 나눈다.

"친구들의 사진 중 가장 재미있었던 사진은 무엇이었나요?"

"어렸을 때 사진을 이용해서 하고 싶은 놀이가 있나요?"

✳ 수업 후 교사의 이야기

앨범을 가져와 한 명이 소개하면 나머지 유아들은 듣는 수동적인 방식에서 벗어나고자 유아들의 의견을 모아보았고, 자유롭게 소집단으로 모여 어렸을 때 모습을 소개해보았다.

소집단으로 진행하니 작은 사진을 가까이 볼 수 있어서 친구의 어릴 적 모습에 더욱 흥미를 느꼈고, 질문도 많이 했다. 또한 자신과 비슷한 모습의 사진을 발견하면 같은 사진이 있다며 친구와 같은 점을 찾아가기도 했다. 평소 발표에 소극적인 유아들도 소집단에서는 어려움 없이 사진을 보여주었다. 유아들이 궁금한 점을 묻고 답하는 편안한 분위기가 조성되어 기존의 이야기 나누기 방식에서 벗어나 변화를 추구하길 잘했다는 생각이 들었다.

🔷 놀이를 통해 경험한 교육과정 관련 요소

• 의사소통 – 듣기와 말하기   • 사회관계 – 나를 알고 소중히 여기기

아기처럼 해봐라 이렇게

😊 **내 생각대로 아기를 표현해요**

유아가 엄마 배 속에 있는 아기가 되어보는 활동으로 '나처럼 해봐라 이렇게' 놀이를 '아기처럼 해봐라 이렇게'로 계획해보았다. 놀이 중 아기가 되어 표현하는 순서, 표현하고 싶은 아기 모습, 엄마 배를 만드는 방법 등에 자율권을 주며 유아들의 의견에 따라 놀이를 진행해보았다.

❶ 엄마 배를 만드는 방법에 대해 이야기를 나눈다.

"친구들과 함께 엄마 배를 만들 수 있는 방법은 무엇일까요?"

❷ 아기를 담고 있는 엄마 배를 함께 만들어본다.

❸ 아기 역할을 할 친구를 정한다.

아기가 되고 싶은 친구가 많아 가위바위보를 하여 순서를 정했다. 나라는 누워서 다리를 잡고 뒹굴뒹굴 구르기도 하고, 찬희는 손을 빠는 등 아기처럼 흉내를 내었다. 한결이는 눈을 감고 몸을 웅크리고 가만히 있었다.

❹ '나처럼 해봐라' 노래 가사를 바꾸어 부른다.

아기처럼 해봐라 이렇게 친구처럼 해봐라 이렇게~ ♬
아기처럼 해봐라 이렇게 친구처럼 해봐라 이렇게~ ♬

❺ '아기처럼 해봐라' 노래를 부르며 아기처럼 표현하며 놀이한다.

① 아기가 되어 엄마 뱃속으로 들어가기

② 개사한 노래를 부르며 아기처럼 표현하기

③ 아기였던 친구가 다음 친구 선택하기

④ 선택받은 친구가 아기가 되어 놀이 반복하기

"어떤 친구의 아기 동작이 가장 재미있었나요?"

"쌍둥이는 어떻게 표현하면 좋을까요?"

❻ 아기였을 때 모습과 지금의 모습을 생각하며 이야기를 나눈다.

"친구들이 아기였을 때는 어떤 모습이었을까요?"

"지금의 모습과는 어떤 점이 다를까요?"

"아기였던 친구들이 지금 이렇게 컸어요. 시간이 지나면 또 어떻게 변할까요?"

❼ '아기처럼 해봐라 이렇게' 놀이에 대해 평가한다.

"놀이 중 바꾸고 싶은 부분이 있나요?"

✏️ 놀이를 통해 경험한 교육과정 관련 요소

· 예술 경험 – 창의적으로 표현하기   · 사회관계 – 나를 알고 소중히 여기기

우리 가족의 집을 만들어요

🍵 **유아들이 적극적으로 참여할 수 있도록 고민해요**

이전 해에 유아들과 함께 재활용품을 이용해 집을 만들어보았는데, 풀이나 테이프로 붙지 않는 재료가 있어 교사에게 도움을 많이 요청했다. 혼자서 집 만들기가 어려워서 많은 유아가 집 만들기에 흥미를 잃었다. 그래서 다시 집 만들기 수업을 계획하면서 유아들이 주도적으로 참여하고, 즐겁게 놀이할 방법을 고민해보았다.

🍉 **준비물**

블록, 책, 상자 등 유아가 선택한 교실 속 물건

🍉 **놀이 방법**

❶ 가족과 함께 살고 싶은 집에 대해 이야기를 나눈다.

"찬희는 가족들과 어떤 집에 살고 싶나요?"

"집이 있으면 어떤 점이 좋을까요?"

❷ 교실에 있는 자료 중 무엇을 사용하여 집을 만들고 싶은지 이야기를 나눈다.

❸ 집을 만들 수 있는 자료를 선택한다.

❹ 같은 자료를 선택한 친구들과 함께 집을 만든다.

❺ 친구들과 함께 만든 집에서 놀이한다.

"집에서 무엇을 하고 있나요?" "유림이 방은 어디에 있나요?"

❻ 함께 만든 집을 다른 그룹의 친구들에게 소개하고, 다른 친구들이 만든 집에 구경하러 간다.

• 집에 들어갈 때는 친구가 만든 집이 부서지지 않도록 주의한다.

고민이 담긴 교사의 기록

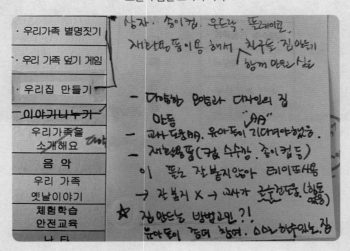

상자나 재활용품을 이용해 집을 만들 때는 유아의 생각대로 재료들이 잘 붙지 않아 교사의
도움이 많이 필요했고, 자기 생각대로 집이 만들어지지 않자 유아들도 흥미를 잃고 대충 만
드는 것을 보았다.

이 모습을 기록해둔 것을 보고 올해는 '아이들이 적극적으로 집을 만들기 위해서 어떻게 해
야 할까?' 고민하던 중 교실 속 물건을 이용하기로 계획했다. 유아들이 교실 속에서 원하는
자료를 선택하여 친구들과 함께 집을 지었다. 집 모양을 만드는 것, 집을 만들기 위해 블록
을 높이 쌓는 것, 무너진 집을 다시 세워 만드는 등의 모든 과정에 유아들이 주도적으로 참
여하는 것을 볼 수 있었다. 이 활동을 통해 관찰하고 기록하는 습관의 중요성을 또 한 번 느
꼈다.

✒️ **놀이를 통해 경험한 교육과정 관련 요소**

• 예술 경험 – 창의적으로 표현하기   • 사회관계 – 더불어 생활하기

나의 짝꿍을 찾아요

🍉 유아가 짝꿍을 정하면 어떨까요?

교사가 유아의 발달 수준, 특성, 체격 등을 고려하여 줄을 서는 자리나 짝꿍, 앉는 자리까지 정해주는 경우가 많다. 하지만 가끔은 유아가 원하거나 좋아하는 방식으로 정해보면 어떨까? 놀이를 통해 같은 카드를 가진 친구들이 일정 기간 짝꿍이 되어본다. 대집단으로 모이는 자리 또한 보물찾기 놀이를 통해서 정해볼 수 있다.

교통기관 카드

 놀이 방법 1. 달려라! 나의 반쪽 찾기

❶ 반쪽 교통기관 카드를 유아 수만큼 책상에 놓는다.

❷ 신호에 맞춰 모든 유아가 동시에 출발한다.

❸ 내가 고른 교통기관의 반쪽 카드를 갖고 있는 친구를 찾는다.

❹ 친구를 찾으면 손을 잡고 출발선으로 돌아온다.

❺ 교통기관 카드를 완성한 친구와 짝꿍이 된다.

 놀이 방법 2. 소곤소곤 나의 짝꿍 찾기

❶ 줄을 서서 반쪽 교통기관 카드를 1개씩 뽑는다.

❷ 자신의 카드를 몰래 확인한다.

❸ 가슴 위에 카드가 안 보이게 두 손으로 가리고 음악에 맞춰 돌아다닌다.

❹ 음악이 멈추면 두 명씩 만난다.

❺ 서로만 보이게 카드를 살짝 보여준다. 내가 가진 카드의 반쪽 카드가 아니면 다른 친구를 만나러 간다.

❻ 교통기관 반쪽 카드를 가진 친구를 찾으면 짝꿍이 된다.

🍉 놀이 방법 3. 보물찾기로 내 자리 정하기

❶ 교통기관 카드 2개 중 1개를 대집단으로 앉는 자리에 놓는다.

❷ 유아가 눈을 감고 기다리는 동안 나머지 카드를 교실에 숨긴다.

❸ 시작 신호에 맞춰 교실에 숨겨진 카드를 찾는다.

❹ 카드를 발견한 유아는 같은 교통기관 카드가 있는 자리를 찾아 앉는다.

💡 보물은 1인당 1개만 찾을 수 있다.

💡 보물을 찾은 친구는 다른 친구들이 찾을 때까지 기다려준다. 이때 동요를 틀어주어 같이 노래를 부르며 기다릴 수도 있다.

✎ 놀이를 통해 경험한 교육과정 관련 요소

· 자연탐구 - 생활 속에서 탐구하기   · 사회관계 - 더불어 생활하기

06

봄 동산에서 보물을 찾아요

😊 **보물찾기 놀이로 봄을 만나요**

봄에 볼 수 있는 주변의 변화를 보물찾기 놀이로 알아보는 활동이다. 봄에 볼 수 있는 것들에 대해 소개를 하는 기존의 이야기 나누기 방식에서 벗어나 유아가 보물을 찾으며 자연에서 오감을 통해 봄을 만날 수 있도록 했다. 유아가 찾은 보물을 가지고 모여 친구들과 이야기 나누며 봄에는 여러 종류의 꽃이 피고, 나비와 벌을 만날 수 있다는 것을 자연스럽게 알 수 있도록 했다.

😃 준비물

유치원 주변의 꽃과 곤충(나비, 벌)이 그려져 있는 보물 종이

😃 놀이 방법

❶ 종이를 한 장 선택한 후 내가 찾을 보물을 확인한다.

- 사전에 유치원 주변에서 볼 수 있는 봄꽃과 곤충 사진을 찍어 보물 종이로 준비
  한다.

❷ 보물을 찾으러 이동한다.

"선택한 보물을 유치원 주변에서 본 적이 있나요?"

"보물을 가져올 때는 어떤 말을 하고 가져오면 좋을까요?"

- 자연물을 가져올 때는 "한 개만 빌려 갈게. 쓰고 나서 돌려줄게" 등의 말을 하며
  자연을 소중히 여길 수 있도록 한다.

❸ 보물을 찾으면 다 함께 모인다.

❹ 자신이 찾은 보물을 친구들과 함께 탐색해본다.

• 유아들끼리 꽃의 색을 보거나 냄새를 맡아보는 등 자유롭게 탐색의 시간을 갖도록 한다.

• 유아 수에 따라 모둠별로 진행할 수도 있다.

❺ 봄 동산에서 보물찾기 놀이를 해본 느낌에 대해 이야기 나눈다.

"봄이 되니 우리 주변이 어떻게 달라졌나요?"

"친구와 보물을 가지고 이야기할 때 새롭게 알게 된 것이 있나요?"

"다시 봄 동산에서 보물찾기를 한다면 어떤 방법으로 해보고 싶나요?"

❻ 찾아온 보물을 제자리에 돌려준다.

"우리가 찾아온 보물은 이제 어떻게 하면 좋을까요?"

"자연으로 돌려주면서 어떤 말을 해주면 좋을까요?"

• "빌려줘서 고마웠어"라고 말하면서 처음 있었던 자리에 다시 가져다 둔다.

✏️ 놀이를 통해 경험한 교육과정 관련 요소

• 자연탐구 – 자연과 더불어 살기   • 의사소통 – 듣기와 말하기

07

수박씨는 어디에 숨었을까요?

😊 **유아가 참여할 수 있는 부분을 고민해보세요**

교실에서 찾은 종이에 그려진 씨 개수만큼 수박에 그려보는 활동이다. 교사가 계획한 놀이를 놀이중심 교육과정의 방향에서 변화를 줄 수 있는 부분을 생각해보았다. 적당한 아이디어가 떠오르지 않아 다른 반 유아에게 수박씨가 어디에 숨어 있을 것 같은지 물어보니 헤드랜턴을 끼고 수박씨를 찾아보라고 답했다. 유아들은 어두운 곳이나 구석에 숨는 특징이 있어 수박씨도 그럴 것이라고 생각하는 것 같았다. 그래서 유아가 숨을 법한 장소에 수박씨를 숨기고 놀이를 진행했다.

💬 준비물

울고 있는 수박 막대 인형, 씨 없는 수박 배경판, 수박씨가 그려진 빨간색 작은 종이, 보드펜

💬 놀이 방법

❶ 수박의 이야기를 듣는다.

"안녕 친구들! 나는 더위를 잊게 해주는 달콤한 수박이야. 그런데 나 걱정이 하나 생겼어. 수박씨 때문에 귀찮아하는 친구가 많아서 내가 수박씨에게 말했더니 오늘 아침 갑자기 사라져버렸어. 항상 같이 있었던 수박씨가 없으니까 너무 허전해. 내 친구 수박씨를 찾아 줄 수 있겠니?"

"친구들도 수박씨 때문에 귀찮았던 적이 있나요?"

❷ 수박씨가 어디에 숨었을지 생각해보고, 수박씨를 찾는다.

교사: 수박씨는 어디로 사라져 버린 걸까?

찬희: 모르겠어요. 어디 갔어요?

교사: 선생님도 수박씨가 어디에 있는지 잘 모르겠어. 너희들이 수박씨라면 어디에 숨을 것 같아?

나라: 깜깜한 곳에요. 책상 밑에요.

교사: 책상 밑에 수박씨가 있는지 한번 살펴볼까?

교사와 유아들은 미술 영역의 책상 밑을 찾아보았다.

한결: 어? 여기 뭐 있다. 이거 봐봐. 수박씨다. 찾았다.

유진: 수박씨가 교실에 숨어 있나 봐. 수박씨 또 찾으러 가자.

같은 방법으로 두 해에 걸쳐 수업을 해보았다. 먼저 해본 수업은 교사 주도로 수박씨를 찾는 놀이였다면, 최근 수업은 작지만 유아들이 생각해볼 수 있는 부분을 추가한 점에서 차이가 있다. 교사의 고민에서 시작한 아주 작은 변화를 통해 유아가 더욱더 즐겁고 주도적으로 놀이할 수 있도록 했다.

❸ 유아가 찾은 종이에 그려진 씨만큼 수박에 그려 넣는다.

"수박에게 씨를 어떻게 돌려줄 수 있을까요?"

• 수박씨는 유아가 숨을 법한 구석진 장소(책상 밑, 역할 놀이방, 옷걸이 뒤쪽 등)에 숨겨놓는다.

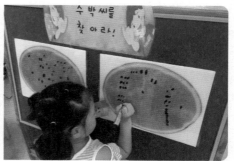

🖊 놀이를 통해 경험한 교육과정 관련 요소

• 자연탐구 – 생활 속에서 탐구하기

08

수박 컬링을 해요

😄 **여름 관련 도구로 재미있는 컬링 게임을 해보세요**

　동계올림픽의 영향으로 컬링에 관심을 보이는 유아들이 있어 교실에서 직접 해보면 좋겠다는 생각이 들었다. 컬링은 1명이 스톤을 밀고, 2명은 얼음판을 문질러 중앙 표적에 더 가깝게 넣으면 승리하는 경기이다. 생활주제 '여름'과 관련이 있고, 유아에게 익숙한 도구를 사용하면 좋을 것 같아 컬링 스톤은 수박 비치볼을 이용했고, 부채로 표적에 더 가깝게 갈 수 있도록 했다.

🍉 준비물

부채 2개, 물이 약간 들어 있는 비치볼, 표적, 출발선, 점수판

🍉 놀이 방법

❶ 1명은 출발선에 공을 들고 선다. 2명은 부채를 들고 표적 앞에서 준비한다.

❷ 출발선에 있는 유아는 표적을 향해 공을 굴린다.

❸ 공이 표적에 가까이 오면 2명은 부채질을 시작한다. 부채로 공을 직접 밀 수는 없다.

❹ 제한 시간 동안 공이 표적의 중앙에 오도록 부채질을 한다.
  • 5~10초를 세거나 노래를 불러 부채질에 제한 시간을 줄 수 있다.

❺ 정중앙 흰색은 3점, 빨간색은 2점, 파란색은 1점으로 점수를 계산한다.

💡 비치볼이 너무 가벼워서 쉽게 움직이므로 공안에 물을 넣어 무게를 조절한다. 물조리개로 비치볼에 물을 넣을 수 있다.

💡 반 전체를 한 팀으로 만들어 미션을 성공하는 게임으로 진행해도 좋다. (예: 모두 함께 힘을 모아 20점 만들기)

💡 놀이 방법이나 규칙은 유아들과 함께 이야기를 나눠 변경할 수 있다.

❀ **놀이 후 이야기**

자유놀이 시간에도 수박 컬링을 했다. 시간이 지나자 2명만 남았다.

"선생님, 한 명 부족해요. 같이해요. 부채질하는 사람이랑 공 굴리는 거 돌아가면서 해요."

교사가 놀이에 참여하자 다른 유아들도 다시 컬링 놀이에 참여했고, 팀을 나눠서 함께 놀이를 계속했다.

교사는 유아의 요청에 따라 놀이 속 참여자가 되었다가 놀이가 안정되면 자연스럽게 빠질 수 있어요.

✎ **놀이를 통해 경험한 교육과정 관련 요소**

• 신체운동·건강 – 신체활동 즐기기   • 자연탐구 – 생활 속에서 탐구하기

09

수영장을 만들어요

🍉 **안전교육도 재미있게 놀이로 해요**

　수영장 현장체험학습을 가기 전에 물놀이 안전교육을 놀이처럼 할 수 없을까 고민했다. 수영장과 같은 환경에서 안전교육을 하면 가장 효과적일 것 같다는 생각에 교실에 수영장을 만들기로 계획했다. 유아들과 교실 물건을 이용해 수영장을 만들고, 역할놀이를 하면서 상황에 따라 지켜야 할 약속을 알아보기로 했다.

😊 준비물

수영장 사진, 다양한 종류의 블록, 책상

😊 놀이 방법

❶ 다양한 모양의 수영장 사진을 본 후 우리가 만들 수영장의 모양을 결정한다.

> 교사: 수영장이 어떤 모양이니?
>
> 지원: 곰 발바닥 모양 같아요.
>
> 소아: 이건 기타예요. 기타로 수영장을 만들었어요.
>
> 찬희: 수영장이 피아노이에요. 피아노가 있어요.
>
> 정섭: 하트 모양 수영장에 나도 가고 싶어요.
>
> 흔히 볼 수 있는 네모나 동그라미 수영장 외에도 신기한 모양의 수영장이 많았다. 하트, 로켓, 기타, 피라미드, 나비, 피아노, 고양이, 발바닥 등 다양한 모양의 수영장을 살펴본 후 우리 반 수영장의 모양을 정해보았다. 로켓과 나비를 만들고 싶다는 유아가 많았다. 우리 반 카펫이 로켓 몸통과 나비 날개와 닮아서 카펫 모양으로 만들어보자고 했다.

❷ 수영장을 만든다.

벽돌 블록을 이용해서 카펫 주변을 모두 꾸미려고 했지만, 블록의 양이 부족했다. 어떻게 하면 좋을까 고민하던 중 지원이와 정섭이가 책상을 들고 와 카펫 주변에 놓았다. 찬희는 동그라미 블록을 연결해 수도꼭지를 만들고, 나라는 수영장으로 올라가는 계단을 만들었다.

❸ **수영장에 들어가기 전 안전교육과 체조를 한다.**

- 수영 전에는 꼭 준비운동을 한다.
- 수영장 물에 바로 들어가지 않고 몸에 물을 뿌린 후 들어간다.
- 수영장 주변에서는 뛰어다니지 않는다.
- 깊은 곳에는 들어가지 않는다.
- 물놀이 중간에 적당히 휴식을 취한다.
- 물놀이를 하면서 사탕이나 간식을 먹지 않는다.
- 친구가 싫어하면 물장난을 하지 않는다.

- 수영장에 들어가기 전 간단한 체조를 한 후 몸에 물을 뿌리는 흉내를 낸다.
- 교사는 안전요원으로 변신(조끼나 모자 착용, 호루라기 활용)하여 안전수칙을 지키지 않는 유아가 있다면 개별적으로 이야기하거나 함께 이야기를 나눈다.

❹ **수영장 놀이를 한다.**

유아들은 직접 만든 수영장에 들어가자마자 누워서 헤엄을 치는 흉내를 냈다.

나라: 선생님, 볼풀공 넣어주세요.

교사: 볼풀공?

나라: 저번에 동극 할 때 볼풀공이 물이었잖아요. 수영장에 물이 없어요.

생쥐의 꽃밭이라는 동극을 할 때 연못의 물을 볼풀공으로 대체했던 적이 있었다. 그 기억이 났는지 물 대신 볼풀공을 넣어달라고 했다. 볼풀공을 넣어주자 유아들은 더욱 신이 나서 헤엄치는 흉내를 내며 물장난을 했다.

교사: (호루라기를 불어 집중시킨다) 친구들, 물장난할 때 볼풀공을 얼굴에 던지면 다칠 수 있어요. 조심하세요.

찬희가 정사각형 블록에 올라가서 수영장으로 뛰어내리며 놀고 있었다.

교사: 찬희야 무엇을 하고 있니?

찬희: 다이빙이요. 높은 곳에서 뛰어내리는 거예요.

교사: 수영장에서 다이빙을 해본 적이 있니?

찬희: 아니요. 형은 다이빙하는데 엄마가 나는 안 된다고 했어요. 하고 싶었는데..

교사: 엄마가 왜 안 된다고 했을까?

찬희: 내가 키가 작대요. 물에 빠지면 큰일 난다고 했어요.

교사: 선생님 생각도 엄마랑 같아. 하지만 찬희가 조금 더 크면 멋지게 다이빙 할 수 있을 것 같아.

찬희가 교사와 이야기를 나눈 후 다이빙 놀이를 멈추고 물놀이를 했다.

평가 시간에도 찬희의 다이빙 놀이에 대해 이야기하며 물놀이 안전교육을 했다.

놀이를 통해 경험한 교육과정 관련 요소

• 신체운동·건강 – 안전하게 생활하기   • 자연탐구 – 탐구과정 즐기기

10

가을 옷으로 놀아요

가을 옷을 이용해서 여러 가지 놀이를 해요

여름에서 가을로 계절이 변하니 쌀쌀해진 날씨에 유아들 옷이 바뀐 것을 볼 수 있었다. 자신의 옷을 가지고 놀이를 하며 계절의 변화를 내 모습에서부터 느낄 수 있도록 다양한 놀이를 해보았다.

준비물

유아들의 겉옷

놀이 방법 1. 아기 상어 가을 옷 숨바꼭질

❶ 술래인 상어가 될 친구 한 명을 정한다.
- 술래의 수는 놀이 중 유아의 요구에 따라 더 늘어날 수 있다.

❷ 아기 상어 노래를 부르며 교실을 돌아다니다가 술래가 "아기 상어가 나타났다"라고 외치면 놀이가 시작된다.

❸ 나머지 친구들은 가을 옷을 머리에 쓰고 아기상어를 피해 도망간다.
- 술래에게 잡히지 않으려면 겉옷으로 머리카락을 감춘다.
- 술래는 돌아다니며 머리카락이 보인 친구를 잡는다.

❹ 머리카락이 보인 친구가 없다면, 다시 '아기 상어 노래'를 부르며 놀이를 반복한다.

❺ 머리카락을 보여 잡힌 친구가 있다면, 술래를 바꾸고 놀이를 계속한다.

❶ 교실 바닥에 유아의 겉옷을 펼쳐놓는다.

❷ 술래를 한 명을 정한다.

❸ 나머지 유아들은 교실을 자유롭게 돌아다닌다.

❹ 술래는 벽을 보고 '가을 옷 꽃이 피었습니다'라고 말하고 뒤를 돌아본다.

❺ 유아들은 바닥에 놓인 겉옷 위에 멈춰 선다.

❻ 바닥에 놓인 겉옷 위에 멈추지 못한 친구는 술래의 손을 잡는다.

❼ 유아 중 한 명이 술래가 있는 벽을 치면 모두 도망을 간다. 술래에게 잡힌 유아가 다음 술래가 된다.

❶ 두 팀으로 나눈다.

- 팀을 나눌 때는 유아들과 간단한 놀이(앉기 서기, 주먹 가위 내기, 손 뒤집기 등)를 통해 정해 볼 수 있다.

❷ 출발선을 정한다.

❸ 자신의 겉옷을 바닥에 펼쳐 길게 놓는다.

❹ 두 팀의 기차 길이를 비교해본다.

- 손 뼘, 발 크기 등 신체 단위나 끈, 연필 등 임의 단위를 이용해 측정할 수도 있다.
- 손 뼘, 발 크기 등 신체 단위는 사람마다 다를 수 있음을 알 수 있다.

❺ 두 팀의 기차가 완성되면 교사의 옷으로 두 기차를 연결하며 놀이를 마무리한다.

놀이 방법 4. 가을 옷 모델 놀이

❶ '그대로 멈춰라' 노래를 부르다가 교사의 신호에 따라 두 명씩 짝이 된다.

❷ 서로 가지고 있는 옷을 바꿔 입는다.
- 짝꿍끼리 서로 옷을 입혀준다.

❸ 모델 포즈를 취한다.
- 함께 사진 찍고 싶은 친구들과 모여 포즈를 취한다.
- 교사는 모델 포즈를 취한 유아의 사진을 찍어준다.

❹ 짝꿍을 바꾸며 놀이를 반복한다.

✏️ **놀이를 통해 경험한 교육과정 관련 요소**
- 자연탐구 – 자연과 더불어 살기, 생활 속에서 탐구하기
- 신체운동·건강 – 신체활동 즐기기

11

내가 좋아하는 동물에게
옷을 선물해요

🍉 **동물의 옷을 교실에서 찾아서 선물해요**

동물은 유아가 가장 좋아하고, 때로는 교사보다 많은 것을 알고 있는 주제이다. 이런 특징을 살려 우리 반 전체가 함께 놀이하며 동물에 대해 보다 깊이 알고 있는 친구를 통한 배움을 통해 즐거운 시간이 되길 바라는 마음에 수업을 계획해보았다.

🍉 **준비물**

전지, 동물 관련 책

❶ 동물 그림을 보며 이야기를 나눈다.

"사랑반 친구들 안녕! 우리는 기린, 토끼, 고릴라, 코끼리야. 그런데 잠을 자고 일어
나보니 우리 몸에 있었던 색깔 옷이 모두 사라져버렸어. 어디로 갔는지 도무지 알
수가 없어. 어떻게 하면 좋을까? 옷이 없으니 좀 창피해."

• 사전에 유아가 좋아하는 동물을 알아본 후 그림을 그려 준비한다.

❷ 동물에게 옷을 선물해줄 방법을 생각해본다.

"동물에게 옷을 어떻게 선물해줄까요?"

"우리 교실에 있는 물건으로 선물해주면 어떨까요?"

❸ 교실에 있는 물건을 이용해 동물에게 옷을 선물한다.

> 유림: 교실에 있는 물건 말고 양말 해도 돼요? 내 양말도 본홍색인데….
>
> 교사: 응. 좋아. 멋진 생각인데!
>
> 예찬: 나도 노란색 양말 신었는데 기린한테 줘야지.

❹ 유아가 좋아하는 동물 그림 앞에 앉아 책을 보며 좋아하는 동물에 대해 스스로 알아가는 시간을 가진다.

"코끼리는 어떤 먹이를 먹고 사나요?"

"기린의 똥은 어떤 모양인가요?"

❺ 친구들에게 자신이 좋아하는 동물에 대해 소개한다.

✏️ 놀이를 통해 경험한 교육과정 관련 요소
- 의사소통 – 책과 이야기 즐기기
- 자연탐구 – 자연과 더불어 살기

12

누구의 꼬리일까요?

👅 **내가 좋아하는 동물의 꼬리를 만들어요**

　유아에게 익숙한 재료를 이용해 동물의 꼬리를 표현하는 방법을 고민하 던 중에 풍선이 떠 올랐다. 자신이 좋아하는 동물의 꼬 리와 닮은 풍선을 선택하여 꼬리의 무늬를 그리고, 꼬리를 매달고 동물 표현을 해보는 활동을 계획했다.

👅 **준비물**

긴 요술 풍선, 둥근 풍선, 매직

❶ 내가 좋아하는 동물의 꼬리를 생각해본다.

❷ 자신이 좋아하는 동물의 꼬리 색과 같은 풍선을 선택한다.

❸ 교사는 풍선에 바람을 넣어주며 꼬리의 특징에 대해 유아와 개별적으로 상호작용한다.

"돼지 꼬리는 어떻게 생겼나요? 그럼 풍선을 어떻게 하면 좋을까요?"

• 긴 풍선은 끝부분을 바지 속에 넣을 수 있게 다 불지 않고 남겨둔다.

❹ 내가 좋아하는 동물의 꼬리 무늬를 꾸민다

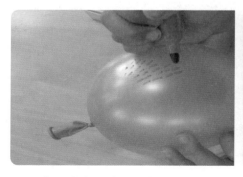 

• 꼬리 꾸미기를 어려워하는 유아가 있다면 동물 관련 책을 보거나 인터넷 검색을 통해 개별적으로 지원한다.

❺ 유아가 꾸민 꼬리를 허리에 달아준다.

꼬리를 달아주었더니 동물이 되어 기린은 교실 환경판에 있는 풀을 먹기도 하고, 사자와 같은 동물이 토끼를 공격하는 흉내를 내기도 하는 등 자연스럽게 자신이 좋아하는 동물의 울음소리와 움직임을 표현하며 역할 놀이를 했다.

❻ 동물 흉내를 내며 놀이한다.

✎ 놀이를 통해 경험한 교육과정 관련 요소

· 예술 경험 – 창의적으로 표현하기   · 자연탐구 – 자연과 더불어 살기

13

늑대에게 전화를 걸어요

🥄 **늑대에게 궁금한 점을 물어봐요**

'늑대가 들려주는 아기돼지 삼형제' 동화는 우리가 알고 있는 것과는 정반대의 이 야기이다. 과연 누구의 말이 진실일까? 정말 늑대의 이야기가 사실인지 알아보기 위해 늑대에게 전화를 걸어 물어보는 활동이다. 아이들은 동화 속 주인공에게 전화를 걸어 대화를 할 수 있다는 것 자체만으로도 신기해한다.

휴대폰,『늑대가 들려주는 아기돼지 삼형제』동화책, 칠판, 보드펜, 아기돼지 삼형제와 늑대 그림, 늑대 막대 인형

🙂 놀이 방법

❶ 아기돼지 삼형제 손 유희를 한다.

> 첫 번째 돼지가 집을 짓는데 짚으로 차곡차곡 집을 짓는데 늑대가 나타나 늑대가 나타나 후~ 날아가 버렸대요. ~♬ 두 번째 돼지가 집을 짓는데 나무로 차곡차곡 집을 짓는데 늑대가 나타나 늑대가 나타나 후~ 무너져 버렸대요. ~♬ 세 번째 돼지가 집을 짓는데 벽돌로 차곡차곡 집을 짓는데 늑대가 나타나 늑대가 나타나 후~ 꿈쩍도 안 했대요. ~♬

❷ 동화 속 주인공(아기돼지 삼형제, 늑대) 중에서 좋아하는 주인공을 뽑는다.

"친구들이 가장 좋아하는 주인공은 누구인가요?"

"왜 셋째 돼지(첫째, 둘째, 늑대)를 좋아하나요?"

> 대부분의 유아는 셋째 돼지가 좋다고 했다. 셋째 돼지가 똑똑하고 착하다고 했고, 늑대는

집을 무너뜨리고 돼지를 잡아먹는 나쁜 동물이라며 싫다고 했다.

❸ **늑대 막대 인형이 나타나 투표 결과에 대한 느낌을 이야기한다.**

"엉엉엉~ 속상해요. 저는 아기돼지들을 괴롭히는 나쁜 늑대가 아니에요. 친구들이 잘못 알고 있는 거예요. 내 이야기를 들어주세요!"

❹ **늑대가 들려주는 아기돼지 삼형제 동화를 듣고 이야기를 나눈다.**

"늑대는 왜 아기돼지 집을 찾아갔나요?"

"늑대가 첫째 아기돼지 집을 날려버린 이유는 무엇인가요?"

"늑대는 왜 셋째 아기돼지 때문에 화가 났을까요?"

"만약에 돼지가 설탕을 빌려줬다면 늑대는 어떻게 했을까요?"

❺ **늑대에게 궁금한 점을 모은다.**

교사: 돼지가 설탕을 빌려줬다면 늑대가 집을 무너뜨리지 않았을까? 늑대 이야기가 사실일까? 늑대에게 진짜 물어보면 좋을 텐데….

한결: 어떻게 늑대한테 물어봐요?

교사: 늑대의 이야기가 맞는지 어떻게 물어볼 수 있을까?

희정: 아까 늑대 오라고 해요. 늑대야~

교사: 늑대가 유치원에 없나 봐. 그럼 늑대한테 전화해서 한번 물어볼까?

초롱: 어떻게 늑대한테 전화해요?

교사: 선생님이 늑대 전화번호를 알아냈거든. 늑대에게 전화를 걸어서 궁금한 점에 대해 물어보도록 하자. 어떤 점을 물어볼까?

유진: 케이크 만들 때 설탕이 진짜 떨어졌냐고 물어봐요.

찬희: 늑대야 집을 왜 무너뜨렸어?

한결: 진짜 너 착해? 나빠?

하준: 우리 유치원에 놀러 올래?

희정: 늑대는 뭐하면서 살아?

❻ 늑대와 전화를 한다.

✿ 늑대와 전화 예상 시나리오

하준: 안녕. 나는 하준이야. 늑대 맞아? 너한테 궁금한 점이 있어서 전화했어.

늑대: 친구들 안녕? 사실 나는 책을 아주 좋아하고, 친구들에게 양보도 잘하고, 노래도 아주 잘해. 그래서 늑대 사이에서는 인기가 아주 많거든. 그런데 친구들이 나를 아기돼지를 괴롭히는 나쁜 늑대라고 생각하고 있어서 너무 슬프고 속상했어. 내 이야기를 잘 들어보았니?

유아들: 응.

늑대: 지금까지 친구들이 알고 있었던 이야기와는 조금 다르지? 그 전 동화에서는 내가 집을 부수고, 아기돼지를 잡아먹으려고 했다고 나와 있지만, 그건 너희들이 잘못

알고 있는 거야. 거짓말이야~ 나는 정말 그렇게 나쁜 늑대가 아니란다. 친구들에게 내 속마음을 이야기하고 나니 훨씬 기분이 좋아지는 걸~~ 나에게 궁금한 점이 있다고 했지? 누가 첫 번째로 물어볼래?

1. 나는 유진이야. 어디서 살아?

늑대: 응. 나는 행복 나라에 살아. 우리 친구들이 많이 알고 있는 백설 공주, 피터 팬, 피노키오, 신데렐라와 같이 동화 속 친구들과 함께 살고 있어. 아주 재미있단다. 우리 친구들이 선생님 말씀을 잘 들으면 한번 초대해줄게.^^

2. 나는 희정이야. 늑대 너는 뭐 먹고 살아? 혹시 나 만나면 나도 잡아먹을 거야?

늑대: 너희들처럼 귀여운 아이들을 어떻게 잡아먹을 수 있겠니? 나도 요즘에는 너희들처럼 마트에 가서 고기랑 야채랑 사다가 먹는단다. 그리고 나는 직업이 요리사란다. 신선한 재료를 사다가 맛있는 요리를 잘 만들어내지. 그래서 할머니 생신 때 케이크를 만들어드리려고 했는데 셋째 돼지 때문에 못 만들어서 참 아쉬웠어.

3. 나는 초롱이야. 정말 재채기만 했는데 집이 날아가 버렸어?

늑대: 응. 슬프게도 정말 재채기만 했는데 그 지푸라기랑 나무로 만든 집이 무너져버리더라고! 난 정말 그 집을 무너뜨릴 생각이 없었어. 생각해봐. 요즘에 누가 지푸라기와 나무로 집을 짓겠니…. 사실 지금에서야 이야기하는 건데, 내가 재채기로 날리지 않았어도 이번 태풍 때 집이 무너졌을 거야. 그러니까 친구들도 꼭 알아둬! 힘들어도 집은 튼튼하게 지어야 한단다.

4. 나는 하림이야. 돼지 집이 날아가 버렸을 때 기분이 어땠어?

늑대: 아휴~ 깜짝 놀랐지. 내가 감기에 심하게 걸리긴 했지만, 재채기를 그렇게 크게 할 줄 몰랐어. 그래서 다음부터는 꼭 입을 가리고 재채기를 해야겠다고 다짐했단다.

집이 망가진 첫째랑 둘째 돼지에게 미안했어.

5. 나는 시온이야. 만약에 돼지가 설탕을 빌려줬으면 어떻게 할 거야?

늑대: 물론 돼지에게 감사의 마음을 전하고, 할머니를 기쁘게 해줄 케이크를 만들기 위해
　　　집에 갔겠지?

6. 나는 다예야. 할머니에게 생일선물은 했어?

늑대: 할머니 생신 때 케이크는 선물하지 못했어. 대신 나중에 책 보실 때 쓰시라고 분홍
　　　색 돋보기안경을 선물했지. 할머니는 색깔이 무척 마음에 든다며 참 좋아하셨어.

7. 나는 찬희야. 셋째 돼지가 나쁜 말을 했을 때 기분이 어땠어?

늑대: 음, 돼지 때문에 기분이 상한 건 사실이야. 우리 할머니는 정말 친절하고 좋으신 분
　　　인데…. 그리고 어른에게는 그런 말을 하면 안 돼. 내가 너무 화가 나서 돼지 집을
　　　두드렸지만, 조금만 참을 걸 그랬어. 지금 생각해보면 어른에게는 공손하게 이야기
　　　하는 거라고 돼지에게 알려줄 걸 그랬어.

8. 나는 나라야. 경찰에게 잡혀갔어? 감옥에 갔어?

늑대: 응, 처음에 경찰서로 끌려갔었는데 우리 친구들에게 이야기한 것처럼 다시 설명했
　　　더니 풀어줬어. 설탕을 빌리러 갔다가 경찰서까지 가게 되니 억울하기도 하고 너
　　　무 힘이 들었어. 다음부터는 화가 날 때도 조금 참고, 말로 천천히 이야기해야겠다
　　　고 생각했지.

9. 나는 상석이야. 왜 돼지 집으로 설탕을 빌리러 갔어? 집 근처에는 마트가 없어?

늑대: 응, 상석아~ 좋은 질문이야. 할머니 선물로 케이크를 만드는데 밀가루랑 과일이랑
　　　베이킹파우더를 샀더니 돈이 다 떨어져 버렸어. 그래서 가장 가까운 돼지 집으로 간

거였어. 설탕을 빌렸으면 참 좋았을 텐데…. 음, 또 궁금한 것이 있으면 물어보렴.

(질문이 없으면 선생님이 등장한다)

교사: 이렇게 전화로 만나게 되어서 너무 반가워. 늑대랑 이야기를 하면서 친구들이 궁금
해하던 것이 모두 풀린 거 같아. 다음에 우리 유치원에 놀러 와. 고마워.

늑대: 아이들과 좋은 시간을 보낼 수 있어서 참 좋았어요. 선생님! 친구들아 안녕!!

- 늑대 역할을 맡는 분께 예상 시나리오와 동화책을 주며 첫인사, 유아의 예상 질문 등에 대한 사전 논의 과정을 거친다.

❼ 활동에 대해 평가한다.

"전화를 하고 나니 늑대에 대해 어떤 생각이 들었나요?"

"만약 투표를 다시 한다면 처음과 다르게 투표할 친구가 있나요? 왜 생각이 달라졌나요?"

✎ 놀이를 통해 경험한 교육과정 관련 요소

- 의사소통 – 책과 이야기 즐기기   - 사회관계 – 더불어 생활하기

14

'팥죽 할머니와 호랑이'의
뒷이야기를 만들어요

🍉 **유아가 만들어가는 동화 속 뒷이야기!**

　유아들이 '팥죽 할머니와 호랑이' 동화를 좋아해서 여러 번 읽었다. 강물에 빠졌던 호랑이는 죽었을까? 살았을까? 다시 할머니를 찾아오지 않았을까? 잘못을 뉘우치고 할머니를 도와줬을까? 등등 다양한 이야기가 이어졌다. 동화의 뒷이야기에 대한 다양한 생각이 나와서 활동으로 연결했다. 다만 기존에 많이 하던 그림이나 글로 표현하는 방식이 아닌 호랑이가 유치원에 찾아오는 뜻밖의 상황으로 새롭게 뒷이야기를 지어보기로 했다.

😊 **준비물**

팥죽 할머니의 편지, 호랑이 탈, 호랑이 영상 편지, 편지지 등

😊 **놀이 1일: 유치원에 호랑이가 왔어요!**

❶ 팥죽 할머니가 보낸 편지를 읽는다.

> 친구들 안녕? 난 '팥죽 할머니와 호랑이' 동화에 나오는 할머니란다. 이렇게 편지를 쓴
> 건 강물에 빠졌던 호랑이가 너희 유치원으로 간다는 소식을 전해주기 위해서야. 선생님
> 과 함께 호랑이가 유치원에 오면 어떻게 해야 할지 이야기해보렴. 안녕.

"팥죽 할머니가 왜 편지를 보냈나요?"

❷ 호랑이가 유치원에 오는 이유에 대해 생각해본다.

> 교사: 호랑이는 왜 우리 유치원에 오는 걸까요?
>
> 유진: 놀려고?
>
> 찬희: 아니지 잡아먹으려고 오지.
>
> 교사: 호랑이가 우리를 잡아먹으러 오는 걸까?
>
> 다예: 착한 호랑이가 올 수도 있잖아.
>
> 지원: 착한 호랑이가 어디 있어. 호랑이는 다 무서워. 호랑이 봤는데 엄마가 가까이 가면
>   큰일 난다고 했어.
>
> 교사: 무서운 호랑이가 우리 유치원에 오는 걸까? 어떻게 하지?
>
> 정섭: 우리 숨어요. 호랑이가 못 찾게요.
>
> 교사: 어디에 숨을 거야?
>
> 나라: 책상 밑에 숨고, 화장실 안에도 숨어요.
>
> 하림: 나는 역할 영역 집에 숨을래.

하준: 팥죽 할머니를 괴롭혔으니까 혼내줘요.

하준이는 교실에 숨어 있다가 호랑이가 오면 힘을 합쳐서 혼내주자고 했다. 그래서 호랑이를 잡을 수 있는 도구를 하나씩 선택하여 교실 곳곳에 숨었다.

 호랑이가 유치원에 오는 이유에 따라 놀이의 방향 자체가 달라질 수 있어요. 만약에 호랑이가 유치원에 놀러 온다고 생각하는 유아가 많다면, 호랑이와 어떤 놀이를 하고싶은지에 대해 이야기를 나눌 수 있어요.

❸ 호랑이를 피해 교실에 숨는다.

❹ 호랑이가 유치원에 들어와 친구들을 찾는다.

호랑이가 양손을 번쩍 들고 교실로 들어온다. "친구들~. 어? 친구들이 교실에 없네. 어디 갔지?" 호랑이는 교실을 한 바퀴 둘러본다.

❺ 친구들과 힘을 합쳐 호랑이를 혼내준다.

❻ 호랑이와 이야기를 나눈다.

다예: 진짜 팥죽 할머니를 잡아먹으려고 했어?

호랑이: 응, 그때는 배가 너무 고파서 할머니를 잡아먹으려고 했어. 근데 송곳, 알밤, 지게, 멍석, 자라한테 엄청 혼나서 많이 아팠어. 거기다 강물에 빠지고 나니까 다시는 나쁜 짓 하지 말아야지 다짐하게 되었지.

초롱: 왜 우리 유치원에 왔어?

호랑이: 친구들과 놀고 싶어서 유치원에 왔어. 그런데 갑자기 친구들이 나를 때리고 혼내니까 깜짝 놀랐지. 왜 나를 때린 거야?

하준: 네가 우리를 잡아먹으려고 하는 줄 알았어.

호랑이: 아니야. 친구들과 사이좋게 노는 착한 아이가 많이 있다기에 나도 같이 놀고 싶어서 와봤어.

교사: 그런데 왜 유치원에 들어올 때 우리를 잡아먹을 것처럼 무섭게 손을 들고 왔어?

호랑이: 아, 그건 친구들이 너무 좋아서 인사하면서 안아주려고 했었는데 무서웠구나. 미안해.

교사: 호랑이가 잡아먹으려고 오는 줄 알았는데 우리가 잘못 알았나 봐. 호랑이에게 어떻게 해주면 좋을까요?

찬희: 호랑이야, 미안해. 사이좋게 놀자.

교사: 호랑이에게 또 궁금한 점이 있나요?

희정: 너 정말 힘이 엄청 세?

호랑이: 응. 나는 동물 중에서도 힘이 엄청 세지. 내가 얼마나 힘이 세냐면 민규를 번쩍
들어 올릴 수 있을 만큼 힘이 세지.

락동: 그럼, 민규 한번 들어봐.

호랑이는 민규를 들어보려고 했으나 민규가 무섭다고 싫다고 했다.

호랑이: 민규는 무서워하니까 다른 친구들 중에 도전해보고 싶은 친구 있니?

민규처럼 다른 아이들도 호랑이한테 가까이 가는 것을 머뭇거렸다. 한결이가 손을 들어 호
랑이 팔에 매달려 높이 올라갔다. 한결이가 올라가는 것을 보고 찬희, 하준, 나라도 팔에 매
달렸다. 호랑이가 가야 할 시간이 되어 안아주고 싶어 하는 친구들만 나와서 호랑이와 작별
인사를 했다.

놀이 2일: 호랑이에게 편지를 보내요

❶ 호랑이의 영상 편지를 본다.

친구들 안녕. 어제는 친구들이랑 더 놀고 싶었는데 그러지 못해서 아쉬웠어. 친구들은 재미있었니? 나는 친구들이 나를 안아주기도 하고 함께 이야기도 해서 무척 즐거웠어. 사실 처음에 친구들이 나를 때려서 깜짝 놀라긴 했어. 하지만 팥죽 할머니를 잡아먹으려고 했던 나쁜 호랑이라고 생각해서 그럴 수도 있겠다고 생각했어. 그래서 오늘은 팥죽 할머니에게 가서 사과를 하고 팥죽 만드는 것을 도와 드릴 거야. 친구들, 내가 시간 날 때 유치원에 또 놀러 갈게. 그때 재미있게 놀자.

• 영상 편지의 내용은 유아와의 대화나 놀이를 담아서 위 내용을 수정하여 만든다.

❷ 호랑이에게 하고 싶은 말이 있는 친구들은 편지를 쓴다.

- 편지쓰기를 하고 싶은 친구가 많으면 대집단으로 활동하고, 소수라면 자유놀이 시간을 활용하여 개별적으로 편지를 쓰도록 한다.

놀이 3일: 호랑이와 즐겁게 놀아요

❶ 유치원에 호랑이가 놀러 온다.

❷ 유아가 호랑이와 하고 싶은 놀이를 정한다.
- 호랑이와 춤추기, 간지럼 참기, 호랑이 행동 따라 하기 놀이, 호랑이랑 웃긴 포즈로 사진 찍기 등

❸ 호랑이와 재미있는 놀이를 한다.

✎ **놀이를 통해 경험한 교육과정 관련 요소**
- 의사소통 – 책과 이야기 즐기기, 읽기와 쓰기에 관심 가지기

15

유아가 제안하는
역할 놀이방

😋 **유아의 생각을 알아봐요**

　역할 놀이방에 있는 놀잇감 중 몇 가지만 유아들이 놀이하고, 사용하지 않는 놀잇감
이 많이 있었다. 새로운 놀잇감을 구입하기 전 유아들이 어떤 놀잇감을 가지고 놀이하
고 싶은지에 대한 생각을 알고 싶어 그림을 그려보는 활동을 계획했다.

😋 **준비물**

도화지, 필기구

❶ **역할 놀이방에 있었으면 하는 놀잇감에 대해 이야기를 나눈다.**

"역할 놀이방에 새로운 놀잇감을 사려고 하는데, 어떤 놀잇감이 있으면 좋겠어요?"

❷ **역할 놀이방에 필요한 놀잇감을 그림으로 그려본다.**

"너희가 필요한 놀잇감을 그림으로 그려볼까요?"

"이것은 무슨 놀잇감인가요?"

• 교사는 유아가 그림으로 표현한 놀잇감을 글로 써주며 유아의 생각을 듣는다.

놀잇감에 대한 유아들의 생각이 궁금하기도 하고, 유아들이 가지고 싶은 놀잇감을 구입해
주면 좋겠다는 생각으로 계획한 활동이었다. 그러나 교사의 의도와 달리 잘 이루어지진 않
았다. 유아들은 대부분 최근 유행하는 만화 캐릭터 장난감을 원했고, 그림으로 표현하는 것

도 어려워했다. 최대한 유아가 원하는 놀잇감을 제공해 유아의 놀이를 다양하게 해주고 싶었지만, 유아가 원한 캐릭터 장난감은 단순 놀이에 그치거나 때론 폭력성의 문제가 있어 고민이 되었다. 놀잇감에 대해 생각해볼 시간이나 다양한 놀잇감을 접하지 못한 상태에서 유아들의 생각을 묻다 보니 가장 갖고 싶은 놀잇감을 그린 것 같다는 생각이 들었다. 결국 유아가 원하는 놀잇감을 사주지 못하고, 활동이 마무리되었다.

유아가 생각을 꺼내지 못한 이유를 돌아보고, 그 내용을 팁으로 정리해보았다.

✿ 놀잇감 교체를 위해 유아의 생각을 물을 때 필요한 팁

① 일주일 이상 천천히 놀잇감에 대해 생각할 시간 주기

② 다양한 놀잇감을 접할 기회 제공하기

③ 그림뿐만 아니라, 이야기나 사진 등 유아가 쉽게 놀잇감에 대한 생각을 표현할 수 있는 자료 준비하기

좋은 의도를 가지고 활동을 했지만, 무의미하게 마무리될 때가 있어요. 이럴 때 실패한 수업이라고 생각하지 말고, 왜 의도대로 잘 안 되었는지를 돌아보고 기록해보는 게 좋아요. 이런 노력이 선생님의 성장을 돕는 시간이 될 거예요.

✎ 놀이를 통해 경험한 교육과정 관련 요소

• 예술 경험 – 창의적으로 표현하기   • 의사소통 – 듣기와 말하기

4장

. . .

유아의 흥미에
놀이적 요인을
더해요

숲속 나라의 왕을 뽑아요

🍎 **내 생각대로 숲속의 왕을 뽑아요**

유아들과 우리 동네 돌아보기를 하다가 찬희가 트럭 앞에서 춤을 추는 사람들을 보고 "왜 춤춰요?" 하고 물었다. 유치원 앞 횡단보도에서 선거 유세를 하는 사람들이었다. "이번 주 목요일에 엄마, 아빠가 우리 동네를 위해서 열심히 일할 사람들을 뽑거든. 그래서 어떤 일을 할지 노래에 넣어서 자기를 소개하는 거야"라고 이야기해주었다. 몇몇 유아가 "기호 1번! 뽑아주세요!"라며 노래를 따라 불렀다.

🍎 준비물

'숲속 나라의 왕 나를 뽑아줘' 동화, 호랑이 머리띠, 막대 인형, 선거표지판(본인 확인, 투표용지 받는 곳), 투표용지, 투표함, 기표소 표지판, 선거인 명부, 본인 확인용 이름표, 도장, 개표 결과 표시판

🍎 놀이 방법

❶ 선거 유세 사진을 보며 선거에 대해 이야기를 나눈다.

　"○월 ○일은 어른들이 선거를 하는 날이에요."

　"선거는 무엇을 하는 날일까요?"

　"우리가 살고 있는 동네를 위해 열심히 일할 사람을 뽑는 날이란다."

　• 대통령, 국회의원 선거 등 시기에 맞춰 놀이를 진행할 수 있다.

❷ '숲속 나라의 왕, 나를 뽑아줘' 막대 인형 동화를 듣는다.

> ✿ 동화 : 숲속 나라의 왕 나를 뽑아줘
>
> 호랑이: 안녕 친구들. 나는 숲의 왕, 호랑이야. 많은 동물이 나를 왕으로 뽑아줬어. 그래서 숲을 아름답게 하기 위해 열심히 일했단다. 그리고 이제 다음 왕을 뽑아야 할 때가 되었어. 그래서 왕을 하고 싶어 하는 동물들이 선거에 나왔단다. 곰, 토끼, 사자의 이야기를 잘 듣고, 왕이 되면 좋을 것 같은 동물을 직접 뽑아주렴.

곰: 안녕 친구들. 나는 곰이야! 만약에 내가 왕이 된다면 배가 고파서 굶어 죽는 친구들이 없도록 맛있는 음식을 많이 준비할게. 나를 왕으로 뽑아줘!

토끼: 안녕 친구들. 나는 귀염둥이 토끼야! 내가 왕이 되고 싶은 이유는 나처럼 몸이 작고 약한 동물들을 지켜주고 싶어서야. 내가 왕이 되면 경찰 동물을 많이 뽑을 거야. 그래서 약한 동물들을 괴롭히지 못하도록 막을 거야. 나를 왕으로 뽑아줘!

사자: 안녕? 나를 무섭게 생각하는 친구가 많이 있겠지만, 나는 정말 친절하고 상냥한 사자란다. 내가 만약에 왕이 된다면 깨끗한 숲을 만들기 위해 노력할 거야. 쓰레기도 줍고, 좋은 공기를 만들어내는 나무도 사랑해줄 거야. 그리고 꽃도 많이 심어서 많은 동물이 즐거워하는 숲을 만들 거야. 나를 왕으로 뽑아줘!

"토끼가 왕이 되면 어떤 일을 한다고 했나요?"
"누가 숲속 나라의 왕이 되면 좋을까요?"
"왜 호랑이(곰, 토끼, 사자)를 왕으로 뽑고 싶나요?"

❸ 숲속 나라의 왕을 뽑기 위한 선거 놀이 방법을 소개한다.

	이름	연령	소속	본인확인
6	이	6세	초등학교병설유치원	이용준
7	박	6세	초등학교병설유치원	박지오
8	송	6세	초등학교병설유치원	송연우
9	박	6세	초등학교병설유치원	박시안
10	곽	5세	초등학교병설유치원	

① 선거도우미(선거관리위원)를 뽑는다.

"숲속의 왕을 뽑는 일은 중요하기 때문에 1명당 1번씩, 정확하게 투표할 수 있도록 확인하고 도움을 주는 역할을 한단다."

② 선거도우미가 투표자 본인 확인을 한다.

- 주민등록증 대신 이름표(자유놀이 이름표, 명찰 등)를 이용하여 본인 확인을 한 후 선거인 명부에 사인을 한다.

③ 투표용지를 받는다.

- 선거도우미는 투표용지 모서리에 확인 도장을 찍어준다.

④ 기표소에 들어가 투표한다.

⑤ 투표용지를 접어 투표함에 넣는다.

❹ **투표를 할 때 지켜야 할 약속을 알아본다.**

• 도장은 칸 안에 한 번만 찍고, 다른 사람이 볼 수 없게 투표용지를 접는다.

❺ **선거 놀이 순서에 따라 투표한다.**

❻ **개표를 하며 숲속의 왕을 뽑는다.**

"숲속의 왕은 누가 되었나요?"

"곰(토끼, 사자)이 왕이 되면 숲은 어떻게 변화될까요?"

 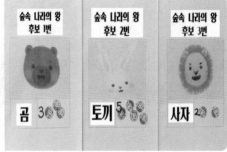

❼ **숲속 나라의 왕으로 뽑힌 동물의 소감을 듣는다.**

"친구들, 숲속 나라의 왕이 된 ○○야. 나를 믿고 뽑아줘서 고마워. 숲속 나라가 더
아름다워지도록 열심히 노력할게! 고마워."

"왕이 되지는 못했지만, 나를 뽑아준 친구들이 있어서 기분이 좋았어. 고마워. 그리
고 왕이 된 곰(토끼, 사자)을 도와서 깨끗한 숲을 만들기 위해 노력할게!"

• 선거 놀이 활동 모습을 안내하여 부모님의 선거를 독려한다.

• 부모님의 선거 후 유아와 인증사진을 찍어 이야기 나누기 자료로 활용한다.

✏️ **놀이를 통해 경험한 교육과정 관련 요소**

• 사회관계 – 더불어 생활하기, 사회에 관심 가지기

영화관 놀이를 해요

🍎 **유아 스스로 만들 수 있도록 기다려주세요**

　주말 지낸 이야기 시간에 영화를 보고 온 유아가 있어 우리 동네의 문화체험과 연관지어 영화관 놀이를 했다. 이 전에도 현장체험학습을 다녀온 후 영화관 놀이를 한 적이 있었다. 두 해에 걸쳐서 이루어졌던 수업이 놀이중심 교육과정을 만나 어떻게 변화했는지 비교하여 보여주고자 한다.

준비물

의자, 포스트잇, 블록, 영화표, 영화, 팝콘, 음료수, 매점 간판, 매표소 간판, 지갑, 돈

 놀이 방법

❶ 영화관 사진을 보여주며 함께 이야기를 나눈다.

❷ 교실 속 영화관을 만든다.

> 다음에 소개하는 두 번의 영화관 놀이 모습을 비교하면서
> 살펴보세요!

✿ 2017년 영화관 놀이 모습

교사는 영화관처럼 앞뒤 의자의 높이를 다르게 하기 위해 책상을 놓기로 했다. 책상 4개를 붙이고, 그 위에 6개의 의자를 유아와 함께 배열했다. 교사가 "팝콘과 음료수는 어디에 놓을까?"라고 묻자 아이들은 블록으로 받침대를 만들자고 했다. 블록 6개를 위로 쌓아 받침대를 만들었는데 공간이 좁아 음료수와 팝콘을 모두 놓기가 어려웠다. 다시 이야기를 해본 결과 블록을 2개씩을 붙여 12개를 이용해 받침대를 만들었다.

- 책상 위에 의자를 놓아 1열과 2열로 구분 지을 수 있다. 이때 책상에서 장난을 치거나 의자에서 넘어지지 않도록 안전을 강조한다.
- 영화표를 활용할 경우 의자 뒤에 포스트잇을 이용해 좌석표시를 한다.

❋ 2019년 영화관 놀이 모습

올해 영화관 놀이는 교사의 개입을 최소화하고, 유아의 생각에 맡겨 만들어보기로 했다. 유아들은 의자를 6개씩 2줄로 놓아 영화관을 만들었다.

교사: 뒤에 앉은 친구들도 화면이 잘 보이니?

유진: 나라 머리 때문에 잘 안 보여요.

교사: 뒤에 있는 친구들도 화면이 잘 보이려면 어떻게 해야 할까?

찬희: (고개를 옆으로 뉘여) 이렇게 머리를 옆으로 해서 사이로 봐요.

유진: 엄청 고개 아프잖아. 어떻게 이렇게 봐.

한결: 그럼 서서 봐요. 이렇게 보면 엄청 잘 보여요.

교사: 서서 보니까 화면이 잘 보이는구나. 그런데 영화를 보는 동안 계속 서 있을 수 있을까?

유진: 다리가 엄청 아플 것 같아요.

교사: 뒷줄 친구들이 앉아 있어도 화면이 잘 보이는 방법은 없을까?

시온: 그럼, 그냥 길게 의자를 놔요. 뒤에 의자를 없애면 되잖아요.

시온이의 말대로 의자를 일자로 배치했더니 중앙에 있는 의자 쪽에 앉고 싶어 하는 유아가 많았다. 그리고 길게 의자를 놓으니 영화관 같지 않다고 했다.

교사: 그럼 두 줄로 의자를 놓는 걸로 하자. 대신에 뒷줄 친구들도 화면이 잘 보일 방법을 생각해보면 어떨까? 영화관 의자를 다시 살펴보자.

교사는 영화관 의자 사진을 보여주며 앞뒤 의자의 높낮이에 대해 알아보았다. 높이가 있는 물건 위에 의자를 올려놓자는 생각까지는 했지만, 아이들이 생각한 높은 물건은 매트였다. 아이들은 얇은 매트 2개를 겹쳐서 그 위에 의자를 올렸다. 매트 위에 의자를 놓고 있을 때 나라가 의자와 의자 사이의 간격을 벌려 다시 배치했다. 찬희가 의자를 붙이려고 하자 딱붙으면 불편하다고 했다. 나라는 첫 번째 줄의 의자와 의자 사이에 간격이 생기자 뒷줄의 의자를 그 사이로 배치했다. 지그재그 모양처럼 의자를 배치하니 시야가 확보되었다. 아이들은 이어서 피라미드 모양으로 의자를 놓았다.

교사의 개입을 최소화하려고 제안하지는 않았지만, 유아가 책상 위에 의자를 놓도록 유도하려고 했던 것 같다. 여러 번의 시도에도 유아가 책상 위에 의자 놓기를 생각하지 못하자 답답함을 느끼기까지 했다. 놀이 전에는 유아에게 자율권을 주려고 했었지만, 여전히 교사 주도하에 활동이 이루어지길 바랐던 것 같다. 하지만 놀이 과정에서 교사가 예상하지 못한 해결 방법을 찾아낸 것을 보며 놀라기도 하고 뿌듯하다는 생각이 들었다. 교사는 놀이 속에서 유아가 탐구하는 과정을 인정하고 기다려주는 것이 정말 중요하면서 어려운 일이라는 것을 깨닫기도 했다.

영화관 사진을 보며 팝콘을 놓을 수 있는 받침대에 대해 생각해보았다.

찬희: 이렇게 다리를 벌려서 여기에 팝콘을 놔요.

나라: 바구니를 놔서 거기에 올려요.

한결: 소고(악기) 위에 올려놔요.

자유놀이 바구니를 가지고 와서 옆에 세웠다. 바구니가 가벼워서 쓰러지려고 하자 블록을 가지고 와서 바구니 안에 넣었다. 아이들은 자연스럽게 자신만의 방법으로 팝콘 받침대를 만들었다. 초롱이는 다리 사이에 팝콘을 놓는다고 했다가 친구들이 바구니와 블록을 가지고 오는 것을 보고 소고를 가지고 왔다. 의자 반쪽에만 앉고 반쪽에는 소고를 올려 팝콘 받침대로 활용했다. 불편하지 않겠냐고 물어봤지만, 초롱이는 이렇게 하는 게 좋다고 했다.

찬희와 나라는 블록으로 팝콘이 들어갈 공간을 만들어 받침대를 만들었다. 시온이는 블록만 세워서 팝콘을 올려놨다가 팝콘을 쏟았다. 시온이는 찬희의 받침대를 보고 블록의 높이를 줄이고 팝콘을 고정할 수 있는 공간을 만들었다.

모두 같은 방법으로 팝콘 받침대를 만들었던 2017년 놀이와는 다르게 유아가 다양한 의견을 낼 수 있도록 허용하니 여러 가지 시도를 하는 모습을 볼 수 있었다. 유아 생각대로 영화관을 만들면서 문제점을 스스로 해결해나갔고, 불편함이 있어도 자신이 선택한 방법에 만족해하는 모습을 보이기도 했다. 이런 모습을 보며 충분한 시간과 여유를 가지고 아이들을 기다려 줘야겠다고 생각하게 되었다.

❸ 영화는 두 편을 준비하여 예고편을 보고 유아가 선택한다.

❹ 영화관을 이용하는 방법(영화 티켓 보는 방법, 영화관 에티켓 등)에 대해 이야기를 나눈다.

"영화관에서는 어떤 약속을 지켜야 할까요?"

"영화를 보는 중간에 화장실에 가고 싶으면 어떻게 해야 할까요?"

❺ 매표소, 매점 직원을 뽑는다.

❻ 영화관 놀이를 한다.

① 매표소에서 영화표를 구입한다.

② 매점에서 팝콘과 음료수를 구입한다.

③ 영화표를 보고 자기 자리를 찾아간다.

④ 영상을 보며 영화관 에티켓을 알아본다.

  – 앞 좌석을 발로 차지 않아요.

  – 영화를 보는 동안 이야기하지 않아요.

  – 사진 촬영을 하면 안 돼요.

  – 쓰레기를 버리면 안 돼요.

  – 중간에 화장실에 가고 싶은 유아는 조용히 다녀와요.

⑤ 영화를 본다.

  • 컵보다는 뚜껑이 있는 음료수를 준비하여 엎지르지 않도록 한다.

- 영화가 시작되기 전 교실 커튼을 치고 불을 끈다.
- 만 3세 유아에게는 교실이 어두워질 것임을 미리 이야기해주어 놀라지 않게 한다.

❼ 교실 속 극장에서 영화를 본 소감에 대해 이야기를 나눈다.

✏️ 놀이를 통해 경험한 교육과정 관련 요소

- 자연탐구 – 탐구과정 즐기기   • 사회관계 – 더불어 생활하기

동물병원 놀이를 해요

🍎 **놀이를 하면서 새롭게 알게 되었어요**

　동물 주제와 관련하여 유아들이 동물병원 놀이를 하고 싶어 했다. 유치원에 동물 인형이 부족하여 가정에서 인형을 가져오기로 했다. 반려동물을 키우는 유아가 없어서 놀이를 하기 전에 동물병원과 수의사에 대해 알아보았다. 유아들은 병원이 아픈 동물을 치료만 해주는 줄 알았는데, 동물 미용과 입양도 가능하다는 사실을 새롭게 알게 되었다.

🍎 준비물

동물 인형, 병원 놀이 도구, 미용 놀이 도구, 돈

🍎 놀이 방법

❶ 동물병원의 수의사가 하는 일에 대해 알아본다.

"동물병원에 가본 적이 있나요?"

"동물병원 의사 선생님은 어떤 일을 하나요?"

> 동물병원과 수의사에 대한 사전 지식이 없어서 놀이 전에 함께 알아보는 시간을 가졌다. 그러던 중에 동물병원에서는 아픈 동물을 치료해주는 것 외에도 마음에 드는 동물을 입양하거나 미용, 목욕도 시켜준다는 사실을 알게 되었다.

❷ 동물병원을 만든다.

"동물병원과 동물미용실을 어디에 만들면 좋을까요?"

"동물미용실에는 어떤 것들이 필요할까요?"

> 동물병원과 동물미용실을 따로 만들기로 했다. 유아들은 청진기, 주사기 등 병원 관련 도구와 가위, 드라이기 등 미용 도구가 필요하다고 했다. 자료를 주니 수의사 선생님이 앉는 자리에 병원 놀이 도구를 놓고, 옆에는 주사실과 입원실을 만들었다. 미용실도 미용 도구를 정리해서 책상 위에 올려놓고, 목욕을 시킬 수 있게 세면대를 옆으로 옮겼다. 미용실에는 바구니를 길게 놓고 동물을 한 마리씩 넣었다. 동물을 입양하고 싶은 사람들이 고를 수 있도록 케이지를 만든 것이라고 했다.

❸ 동물병원 놀이와 미용실 놀이를 한다.

- 마음에 드는 동물을 골라 입양할 수 있다.

- 아픈 동물을 진찰하거나 수술을 한다.

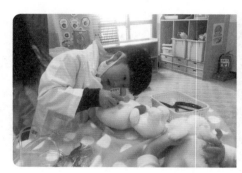

- 동물을 입원시키거나 심폐소생술을 한다.

유진: 어디가 아파서 왔나요?

나라: 심장이 아픈 것 같아요.

유진: 진찰해볼게요. (청진기로 심장 소리를 듣는다) 심장이 안 좋은 것 같아요. 또 아픈 곳은 없나요?

나라: 귀에 먼지가 많아요.

유진: 귀를 한번 볼게요. 잡아주세요. (귀를 면봉으로 판다) 귀에 먼지가 많네요. 청소 끝. 주사 한 방 맞고 가세요.

나라: 네, 감사합니다.

처음에는 진료를 보고, 주사실로 옮겨가는 놀이를 하다가 점차 동물 수술을 많이 했다. 의사와 간호사가 같이 수술을 했고, 호흡기를 달아 입원도 시켰다. 동물 주인은 밖에서 대기하라고 하여 책을 보면서 기다렸다. 수술을 했는데 잘 안 됐다며 심폐소생술을 실시하는 꼬마 의사 선생님도 있었다.

- 동물의 털을 자르거나 염색을 한다.

• 빗으로 털을 정리해주거나 드라이기로 털을 말린다.

찬희: 강아지 얼마에요?

하준: 오천 원입니다. 예뻐요.

찬희: 이 강아지랑 호랑이, 펭귄 살게요.

다예: 고양이 털 좀 잘라주세요.

한결이는 가위로 고양이의 털을 자른 후 빗질을 해주었다. 초롱이가 고양이를 받아서 씻긴 후 드라이기로 털을 말려주었다.

하림: 강아지 노란색으로 염색해주세요.

상석이는 강아지를 앉히고 염색약을 뿌렸다. 그런 후 미용 비닐을 머리에 씌웠다.

상석: 잠깐 기다리세요. 시간이 필요해요.

비닐을 벗긴 후 머리를 감기고 드라이기로 말렸다.

유아들이 동물미용실에 대한 경험이 없어서 교사가 이에 대한 정보를 제공해주어야 하나 고민했다. 하지만 유아들은 스스로 미용실 놀이를 했던 경험을 재구성하여 동물의 털을 염색하거나 파마, 머리 감기, 드라이 등 놀이가 자연스럽게 이어졌다.

✎ 놀이를 통해 경험한 교육과정 관련 요소

• 사회관계 – 사회에 관심 가지기   • 자연탐구 – 자연과 더불어 살기

봄 동산에서 나비를 만났어요

🍎 유아의 흥미가 바뀌었어요

유아들과 쑥을 캐러 봄 동산으로 갔다. 쑥에 대해 알려주고, 함께 캐려고 하던 중에 갑자기 노란 나비 한 마리가 날아왔다. 교사의 이야기를 듣던 유아들이 나비를 쫓아갔다. 그러더니 유아들은 오늘의 활동인 쑥에는 관심이 없고, 나비만 찾으러 다녔고, 나비에 대해서 물어보았다. 교사는 유아들과 쑥을 캔 후 요리 활동을 계획했지만, 유아의 흥미가 쑥보다는 나비로 전환되는 것을 본 후 준비한 계획은 내려놓고 나비 활동을 계획했다.

🍎 준비물

물감, 나비 모양 틀

🍎 놀이 1일: 나비 꾸미기

❶ 봄 동산에서 나비를 만났던 이야기를 나눈다.

"봄 동산에서 누구를 만났나요?"

❷ 내가 좋아하는 나비 모양을 선택한다.

• 유아가 직접 나비 모양을 그릴 수도 있다.

❸ 자신이 선택한 나비 모양 그림에 물감을 짠다.

"어떤 색(무늬)의 나비를 만들고 싶나요?"

• 유아의 생각대로 물감을 짜서 다양한 나비 무늬를 꾸밀 수 있도록 한다.

❹ 물감을 짠 나비를 반으로 접은 후 펼친다.

"'나비야' 노래를 부르면서 반으로 접어볼까요?"

"나비가 어떻게 되었나요?"

• 새 물감을 제공하면 유아가 더 편하게 물감 놀이를 할 수 있다.

• 물감을 짜는 것을 힘들어하는 유아는 교사가 도움을 주거나 친구들이 도움을 주
도록 한다.

종이로 나비 미술 놀이를 한 후, 교실에 있는 박스에도 나비를 꾸미고 싶다고 했다. 교사는
박스를 반으로 오려서 유아에게 제공했다. 유아들은 자신이 원하는 박스를 선택하고 친구
들과 함께 나비를 꾸몄다. 유진이는 "선생님, 상자는 커서 물감을 많이 짤 수 있어서 좋아
요"라고 말했다.

❺ 유아의 제안을 수용하여 상자를 제공한다.

❻ 상자에 물감을 짜서 나비의 무늬를 꾸며본다.

"꾸미고 싶은 상자를 선택해볼까요?"

"유찬이는 물감을 길게 짰네요. 어떤 옷을 입은 나비가 나올지 기대되네요."

"다른 상자로 덮어볼까요?"

❼ 유아가 만든 나비를 보관할 곳을 정해 말린다.

"나비의 물감이 마를 때까지 어떻게 해야 할까요?"

❽ 전시해놓은 나비 작품을 감상한다.

오후가 되자 유아가 꾸민 나비의 물감이 모두 말랐고, 유아들은 주변에 모여 있었다.

교사: 너희들이 만든 나비는 어떻게 하고 싶니?

유림: 집에 가져가고 싶어요.

찬희: 환경판에 붙여주세요.

교사: 그래. 집에 가져가고 싶은 친구는 가방에 담고, 환경판에 붙이고 싶은 친구들은 선

생님과 함께 붙여보자.

🍎 놀이 2일: 나비 되어보기

교사는 유아가 만든 나비로 '나비 되어보기 활동'을 준비하면서도 유아들이 자신이 만든 나비로 다른 놀이를 생각해낼 수도 있겠다는 생각에 유아의 관심이 있을 때까지 며칠 기다려보기로 했다.

며칠 후 나라가 와서 "나비 날개를 달아주세요"라고 했다. 교사가 나비 날개를 붙여주자 "꿀 먹으러 가야지"라며 교실의 꽃 그림으로 날아갔다. 나라가 나비 날개를 붙이자 다른 유아들도 나비 날개를 붙여달라고 했다. 이렇게 소집단으로 나비 역할 놀이가 시작되었다.

유아의 흥미는 갑자기 생겼다가 어느 순간 사라져버리거나 금방 다른 관심으로 전환되기도 해요. 이때는 상황에 적절한 교사의 활동을 준비하여 유아의 흥미를 쫓아가는 것이 필요해요. 이를 위해 교사의 놀이 역량을 기르는 것이 중요하겠죠?

❶ 자신이 만든 나비 날개를 어깨에 붙인다.

"나비 날개를 어디에 붙여줄까요?"

"유림이가 예쁜 날개를 가진 나비가 되었네."

❷ 나비가 되어 자유롭게 여행을 떠난다.

> 유림: 꽃이 있는 곳으로 가자.
>
> 하준: 저기 교실 뒤에 우리가 만들어놓은 꽃으로 가자.
>
> 범진: 꿀꺽꿀꺽~
>
> 교사: 지원이 나비야~ 무엇을 하고 있는 중이니?
>
> 지원: 꿀을 먹고 있어요.
>
> 하준: 또 다른 꽃을 찾아가자.
>
> 범진: 나는 빨간 꽃으로 갈래.
>
> 유림: 나는 보라색 꽃. 훨훨~ 나비야~나비야 이리 날아오너라~

❸ 놀이를 평가하며 이야기를 나눈다.

"나비가 되어서 무엇을 했나요?"

"친구들이 했던 나비 놀이를 해보고 싶은 친구가 있나요?"

> 나비 날개를 달고 교실에 있는 꽃 그림을 향해 날아다니는 놀이를 보고, 우리 반 모두 같이
>
> 해보면 좋겠다는 생각이 들었다.
>
> 교사: 친구들이 했던 나비 놀이를 해보고 싶은 친구가 있나?

찬희: 저도 나비로 변신해서 꿀 먹고 싶어요.

교사: 우리 반 친구들 모두 선생님이랑 같이 나비가 되어 날아다니면 어떨까요?

유진: 나는 안 하고 싶어요. 나비 놀이 이제 그만하고 싶어요.

하준: 그냥 지금처럼 내가 하고 싶은 대로 하고 싶어요.

유아들은 자유놀이 시간에 자기들만의 방식으로 나비 놀이를 계속하고 싶다고 했다. 유아의 의견에 따라 대집단 활동으로는 이어지지 못하고 소집단 나비 놀이로 마무리되었다.

✏️ **놀이를 통해 경험한 교육과정 관련 요소**

• 자연탐구 – 자연과 더불어 살기　　　• 예술 경험 – 창의적으로 표현하기

꿀벌이 꿀을 모아요

🍎 **벌에 관심을 보이는 유아들을 보고 수업을 계획했어요**

　봄이 되니 유치원 주변에 벌이 많이 보였다. 그런데 꽃을 관찰하다가도 '윙~윙~!' 벌 소리가 들리면 겁을 먹기도 하고, 벌이 바닥에 있으면 밟아 죽이려고 했다. 유아들에게 이유를 물으니 "벌이 우리를 공격하니까 나빠요"라고 말했다. 그러면서도 꽃에 있는 꿀을 빨아 먹는 벌을 보면서 신기했는지 선생님도 보라고 했다. 벌에 대한 관심은 있으나 부정적인 이미지를 가지고 있는 유아의 모습을 보고 수업을 계획했다.

🍎 **준비물**

꿀벌 머리띠, 벌집 모양 틀, 꿀 모양

🍎 **놀이 1일: 벌과 꿀이 되어 봐요**

❶ **벌의 소리를 들어본다.**

"누구의 소리인 거 같나요?"

"벌이 우리에게 어떤 이야기를 하는 것 같나요?"

❷ **벌과 꽃으로 역할을 정한다.**

"벌(꽃)이 되고 싶은 친구가 있나요?"

• 벌과 꽃 역할을 하는 유아 수를 정하지 않고, 유아가 원하는 역할을 할 수 있도록 한다.

• 준비된 자료보다 더 많은 수의 유아가 해당 역할을 하기를 원한다면, 유아와 이야 기 나누는 과정을 통해 상황을 해결해 나가도록 한다.

❸ **각 역할에 맞는 준비를 한다.**

▶ 벌

"(준비물을 보여주며) 벌에게 필요한 것을 선택해보세요."

"(벌집 모양 틀을 주며) 이것은 무엇일까요?"

"원하는 곳에 벌집을 만들어볼까요?"

▶ 꽃

"꽃에게는 무엇이 필요할까요?"

"꽃 친구들은 꿀을 가지고 어디에서 피어 있고 싶나요?"

• 유아가 원하는 교실 속 공간에서 벌집을 만들고, 꽃이 되어보도록 한다.

❹ **벌과 꽃이 되어 놀이를 한다.**

"벌은 어떤 소리를 내나요?"

"꽃을 찾아가서 무엇이라고 이야기할까요?"

"벌이 찾아와 꿀을 달라고 하면 꽃은 어떻게 할 수 있을까요?"

　－ 가위바위보를 해서 이긴 친구에게 꿀을 나누어준다.

　－ '사랑해' 라고 말해준 친구에게 꿀을 나누어준다.

　－ 때로는 꿀을 주지 않고, 꽃이 잠이 들기도 한다.

"벌은 꽃에게 받은 꿀을 어디로 가져가야 할까요?"

꽃이 된 하준이는 잠자는 시간이니 꿀을 내일 주겠다며 찾아온 벌을 돌려보내기도 하고, 가위, 바위, 보를 통해 꿀을 나눠주기도 했다. 벌 친구들은 꽃에게 받은 꿀을 벌집에 저장하고 다른 꽃들을 찾아다녔다. 즐겁게 놀이를 하던 중 갑자기 교실을 뛰어다니거나 벌침으로 쏘는 것 같은 행동을 하며 놀이를 방해하는 친구들이 있었다. 벌침을 맞은 친구들이 불평을 토로했고, 함께 모여 이야기를 나누었다.

❺ **놀이 중 발생한 문제 상황에 대해 이야기를 나눈다.**

이레: 힘찬이가 저한테 벌침이라면서 꼬집었어요.

교사: 힘찬아, 왜 이레한테 벌침을 쏘았니?

힘찬: 벌은 원래 날아다니면서 벌침을 쏴요. 그리고 이레가 꿀을 안 줬어요.

교사: 이레가 꿀을 안 줘서 화가 났니?

힘찬: 네, 꿀을 안줘서 화났어요. 벌은 원래 화가 나면 벌침을 쏴요.

교사: 이레야 너는 왜 힘찬이에게 꿀을 주지 않았니?

이레: 가위바위보에서 제가 이겼어요. 그래서 힘찬이한테 꿀 안 줬어요.

교사: 이레는 이겨서 꿀을 안 줬고, 힘찬이는 꿀을 못 받아 화가 나서 벌침을 쐈구나. 이럴
　　　때는 어떻게 하면 좋을까?

나라: 힘찬이가 다른 꽃에 가서 또 꿀을 달라고 하면 돼요.

유진: 힘찬이가 꿀을 받고 싶다고 말하면 좋을 것 같아요. 벌침은 아파요.

찬희: 힘찬아. 사과해. 그럼 친구들이 꿀을 나눠 줄 거야.

교사: 힘찬이는 어떻게 하고 싶니?

힘찬: 이레한테 사과할래요. 이레야, 미안해.

이레: 사과했으니 꿀 한 개 줄게.

유아들과 상황에 대해 이야기를 나누며 해결 방법을 찾아나갔다.

❻ **역할을 바꾸어 놀이를 다시 해본다.**

"벌이 되고 싶은 친구가 있나요?"

"혹시 놀이 방법 중 바꾸고 싶거나 더 필요한 것이 있나요?"

❼ **놀이를 평가하며 이야기를 나눈다.**

"놀이를 하면서 재미있었거나 속상한 것이 있나요?"

"놀이를 계속 이어서 하고 싶나요?"

🍎 **놀이 2일: 유아가 만든 꿀벌 놀이**

> 다음날 자유놀이 시간에도 꿀벌 놀이가 이루어졌다. 전날 교사와 했던 방식이 아닌 자신들
> 이 정한 방식으로 놀이를 이끌어나갔다.

❶ **벌과 꽃 중 자신이 원하는 역할을 선택하여 정한다.**

❷ **벌은 큰 카펫 위에 벌집 모양 틀을 이용하여 집을 만들었다.**

> 유림: 선생님, 여기는 집인데요, 벌이 자고 있어요. 불을 꺼야 해요.
>
> 교사: 그래. 모두 잠이 들었구나. 그럼 꽃들도 잠이 자는 거예요?
>
> 지원: 아니요. 벌이 잘 때 우리는 꿀을 숨겨야 해요.
>
> 교사: 그래. 꿀을 숨긴 다음에는 어떻게 하는 거예요?
>
> 지원: 벌을 깨워요.
>
> 보경: 아니, 불을 켜줘요. 아침이 되었다고 해요.
>
> 교사: 그렇구나. 잠에서 깬 벌들은 무엇을 하는 거예요?
>
> 유림: 꿀을 찾아야 해요.

❸ 벌은 집이 완성되면 교실 불을 끄고 벌집 속에 누워 눈을 감는다.

❹ 꽃 친구들은 벌들이 깨지 않도록 조용히 꿀을 숨겼다.

❺ 꿀을 다 숨긴 꽃은 벌을 깨운다.

❻ 벌은 꽃이 숨겨놓은 꿀을 찾아 벌집에 저장한다.

❼ 역할을 바꾸거나 꿀을 다시 숨기며 놀이를 반복한다.

놀이 2일 차에는 역할을 정하는 것부터 교사의 도움 없이 유아 주도로 이루어졌다. 교실 불을 끄고 밤이 되었음을 알리기도 하고, 꽃이 되어 숨겨진 꿀을 찾는 보물찾기 놀이를 만들었다. 그 과정에서 유아들끼리 웃음이 떠나지 않았고, 의견 일치가 되지 않았을 때는 서로 설득하는 모습에 교사도 흐뭇했다. '역시 유아는 놀이를 스스로 만들어갈 때 더 기쁨을 느끼는구나'라는 생각이 들면서 유아를 믿고, 주도권을 더 많이 주어야겠다고 다짐했다. 그리고 교사와 함께 한 놀이가 새로운 놀이로 변하는 모습을 보며 교사가 계획한 놀이가 유아 주도의 놀이로 변화되고, 유아 주도의 놀이가 교사가 계획한 놀이가 될 수 있는 것이 놀이중심 교육과정이라는 것을 알게 되었다.

✎ **놀이를 통해 경험한 교육과정 관련 요소**

· 자연탐구 – 자연과 더불어 살기   · 예술 경험 – 창의적으로 표현하기

팝콘으로 벚나무를 꾸며요

🍎 **유아가 흥미를 가질 때 함께 놀이를 계획해봐요**

유아들과 봄 동산을 산책하며 벚나무를 만났다. 하준이가 "선생님, 팝콘 같아요"라고 하자 갑자기 다른 유아들이 "팝콘, 영화관에서 먹어봤는데…", "우리도 팝콘 만들어요"라고 말했다. 며칠이 지나서 다시 봄 동산 산책을 나오니 "왜 팝콘 나무 안 만들어요?", "팝콘도 만들어 먹고 싶은데…"라며 팝콘 나무에 계속 관심을 보였다.

🍎 준비물

우드락, 잡지나 신문지, 목공풀, 팝콘, 프라이팬

🍎 놀이 1일: 벚나무 꾸미기

❶ 봄 동산을 산책하며 있었던 일에 대해 이야기를 나눈다.

"(벚꽃 사진을 보며) 벚꽃을 보며 하준이가 어떤 이야기를 했나요?"

"다른 친구들도 팝콘 나무를 만들어보고 싶나요?"

> 팝콘 벚나무를 만드는 방법에 대해 유아들과 이야기를 나눴다. 그 결과 팝콘을 붙일 벚나무
> 가지 만들기, 팝콘 되어보기, 튀긴 팝콘을 나무에 붙이기, 팝콘 나무 색칠하기, 전시 공간
> 정하기 활동을 하기로 했다. 이 모든 활동을 하루 만에 하기 어려워서 3일간 하기로 했다.
> 계획 당시에는 벚나무를 하얀색과 분홍색으로 색칠하기로 했으나 유아의 흥미가 줄어들어
> 색칠은 하지 않게 되어 2일 차에 활동이 마무리되었다.

❷ 팝콘을 붙일 벚나무를 만들 방법을 정한다.

"팝콘을 붙일 벚나무는 무엇으로 꾸미면 좋을까요?"

"어떤 방법으로 꾸며보고 싶나요?"

> 유아들은 다음 두 가지 방법을 제시했다.
>
> ① 큰 상자나 우드락에 나무를 그리거나 종이를 붙여 꾸미는 방법
> ② 숲에 가서 나뭇가지를 가져와 상자에 고정해서 나무를 만드는 방법
>
> 두 가지 방법 중 유아들은 모두 1번 방법을 선택했다. 교사는 2번 의견을 제시한 유아가 혹
> 시 상처를 받거나 정말 하고 싶었는데 분위기 때문에 자신의 의견을 제시하지 못했을까 봐

걱정되었다. "선생님은 네가 말한 방법으로 빛나무를 꾸며보고 싶은데"라고 이야기를 했는데 자신도 1번 방법으로 하고 싶다고 했다. 그래서 빛나무는 ①번의 방법으로 두 개의 나무를 우드락에 그리거나 종이를 붙여 꾸미기로 결정했다.

❸ 나무를 꾸밀 재료(우드락, 잡지, 신문지, 색지 등)를 제공한다.

❹ 교사는 유아가 꾸밀 수 있도록 큰 나무를 그려준다.

❺ 유아는 꾸미고 싶은 나무 주변에 앉아 나무를 꾸민다.

같은 재료를 제공했지만, 두 개의 빛나무는 다른 모양으로 만들어졌다. 종이를 오리고, 찢어서 만든 나뭇가지이지만 자세히 살펴보면 함께 하고 있는 유아의 성향이 보여 관찰하는 동안에도 작은 즐거움이 있었다. 꼼꼼하게 잘라 붙인 유아, 크게 크게 잘라 붙이는 유아, 친구가 붙여 놓은 종이가 잘 안 붙었다면 다시 풀칠을 해주는 유아를 보며 각 유아의 성향을 기록할 수 있었다. 우드락에 종이가 잘 붙질 않자 유아들끼리 서로 돕기도 하고, 의견을 나누며 잘 붙는 방법을 찾기도 했다.

❻ 완성된 나무는 원하는 장소에서 말린다.

🍎 놀이 2일: 팝콘으로 벚나무 꾸미기

어제 만들어놓은 벚나무 앞에 서서 아침부터 팝콘 이야기가 한창이었다.

도윤: 선생님, 팝콘 사 왔어요?

하준: 선생님, 언제 할 거예요?

교사: 언제 하면 좋을까?

유림: 우리 다 왔으니 지금 시작해요. 빨리하고 싶어요.

교사는 자유놀이 후 팝콘 만들기를 계획했으나 등원할 때부터 팝콘에 대한 유아의 흥미가 높아 일과의 순서를 바꾸었다. 이렇게 유아들과 함께 하루 일과를 조금씩 만들어갈 수 있다.

❶ 프라이팬 위의 옥수수를 탐색한다.

"팝콘은 무엇으로 만들까요?"

❷ 프라이팬 위에 옥수수를 넣고 뚜껑을 덮는다.

"프라이팬이 점점 뜨거워지면 옥수수는 어떻게 될까요?"

• 사전에 화상의 위험에 대해 안내하며 안전하게 관찰할 수 있도록 지도한다.

❸ 옥수수가 펑펑 소리를 내며 튀겨지자 유아들도 몸으로 표현했다.

유림: 어~ 펑 한다.

서준: (자신의 몸으로 점프하며) 옥수수가 이렇게 위로 점프했어요.

교사: 신기하다. 서준이도 점프했으니 프라이팬 위에 팝콘이 되었네.

도윤: (점프하며) 나도요.

(옥수수가 연달아 펑펑 소리를 내자)

힘찬: (펑펑) 방구 소리 같아요. 우리도 계속 점프해보자.

지원: (점프), (점프) 손잡고 해볼까?

교사: 우리 반 친구들도 모두 팝콘이 되어버렸네.

허용적인 분위기에서는 행동에 제한이 많지 않아서 유아가 자연스럽게 자신을 표현한다.

❹ 다 튀겨진 팝콘을 바구니에 나눠준다.

❺ 벚나무에 팝콘을 붙여 벚꽃을 꾸민다.

❻ 유아가 만든 벚나무를 전시하고, 친구들의 작품을 감상한다.

✏️ 놀이를 통해 경험한 교육과정 관련 요소

- 예술 경험 – 창의적으로 표현하기
- 자연탐구 – 자연과 더불어 살기
- 사회관계 – 더불어 생활하기

봄꽃 액자를 만들어요

🍎 **사진이 그림으로 변하는 게 신기해요**

　교사 책상 위에 사진을 그림으로 바꿔 만든 액자가 있었다. 이 액자를 보고 "선생님이 그렸어요?", "저도 그려주세요" 하며 관심을 보이는 유아가 많았다. 그래서 사진을 그림으로 바꿔주는 앱을 찾아서 아이들에게 보여주었다. 아이들은 신기해하며 여러 장 사진을 찍어 그림으로 바꿔보았고, 선생님 액자처럼 만들어보고 싶다고 하여 꽃을 든 액자를 만들게 되었다.

🍎 준비물

앱을 이용해 그림으로 변환한 유아 사진, 파스텔, 칼, 테이프, 꽃, 빵 끈이나 줄

🍎 사전 준비

❶ 꽃을 잡고 있는 듯한 손동작 또는 꽃을 담을 수 있는 컵을 들고 유아 사진을 찍는다.

• 유아가 돋보이도록 무늬가 없는 배경에서 사진을 찍는다.

❷ 앱을 이용하여 유아 사진을 그림처럼 만들어 출력한다.

• Prisma 앱에서 curly hair를 사진에 적용한다.
• 150~180g의 두꺼운 종이에 출력한다.

🍎 놀이 방법

❶ 사진을 색칠한 후 테두리에 맞춰 자른다.

❷ 교사는 꽃을 붙일 곳에 칼집을 내준다.

❸ 칼집을 낸 곳에 꽃을 넣은 뒤 그림 뒤쪽에서 테이프로 고정을 시킨다.
  • 유치원 주변의 꽃이나 드라이플라워를 사용할 수 있다.

❹ 액자 고리를 빵 끈이나 줄로 만들어 사진 윗부분에 붙인다.

🖊 놀이를 통해 경험한 교육과정 관련 요소
  • 예술 경험 – 창의적으로 표현하기

08

멋지게 사진을 찍어요

🍎 **사진작가와 모델이 되었어요**

　　"선생님, 제가 만든 거북선 찍어주세요." 찬희가 쌓기 영역에서 블록으로 만든 작품을 찍어달라고 했다. 찬희에게 사진기를 건네주자 여러 방향으로 사진을 찍었다. 거북선 앞에서 다른 친구들 사진도 찍어주었다. 그 후 지한이가 찬희에게 사진기를 받아 친구들이 놀이하는 장면을 찍었다. 평가 시간에 친구들이 찍은 사진을 보면서 다른 아이들도 사진을 찍고 싶다고 했다.

🍎 준비물

액자 틀, 색깔 테이프로 만든 포토존, 가면, 머리띠, 선글라스, 모자, 옷 등 소품, 사진기
(휴대폰)

🍎 놀이 방법

❶ 사진을 찍어본 경험에 대해 이야기를 나누며 놀이를 소개한다.

  • 사진작가와 모델 등 직업에 대해서도 이야기를 나눈다.

❷ 놀이에 필요한 자료를 생각해본다.

  "사진 찍기 놀이를 하려면 무엇이 필요할까요?"

  • 카메라 사용법에 대해 간단하게 알아본다.

❸ 사진작가와 모델 역할을 정한다.

❹ 사진 찍기 놀이를 한다.

    ① 모델은 소품을 이용해서 꾸민다.

    ② 마음에 드는 포토존에 가서 사진작가를 부른다.

    ③ 사진작가는 돌아다니면서 사진을 찍는다.

    ④ 사진작가는 모델에게 찍은 사진을 보여준다.

  • 색 테이프로 교실 벽이나 창문에 액자 틀처럼 포토존을 만들 수 있다.

- 포토존 크기를 다양하게 하여 혼자 또는 친구들과 함께 찍을 수 있도록 한다.
- 가정에서 안 쓰는 휴대폰을 보내 달라고 미리 요청한다.

❺ 사진작가가 찍은 사진을 함께 보며 활동을 평가한다.

"가장 재미있는 포즈를 취한 친구는 누구였나요?"

- 사진 속 가장 멋진 포즈를 취한 친구를 뽑아볼 수도 있다.

사진작가 역할을 하지 못한 채 놀이 시간이 끝나 아쉬워하는 유아가 있었다. 자유놀이 시간에도 자신이 만든 작품 사진을 찍고 싶다고 하는 유아가 있어 사진기 2개를 역할 영역에 넣어주었다. 그런데 자유놀이 중 사진을 찍고 싶어 하는 유아가 많아 갈등 상황이 생겼다.

찬희: 유진이가 사진기를 너무 오래 써요. 저도 오늘 만든 팽이 사진 찍고 싶었는데 달라고 해도 유진이가 안 줬어요.

유진: 저는 사진사였는데…. 그래서 찬희가 만든 팽이 찍어준다고 했어요. 근데 찬희가 싫다고 했어요.

교사: 유진이는 사진사 놀이를 하고 있었구나. 그럼 찬희야 사진기가 한 개 더 있었는데, 왜 그 사진기를 사용하지 않았니?

찬희: 그 사진기보다 유진이 사진기가 더 좋아요. 그걸로 찍고 싶었어요.

교사: 그랬구나. 찬희랑 유진이는 어떻게 하면 좋을까? 유진이는 사진사 놀이를 하고 있어서 사진기가 꼭 필요했고, 찬희는 자기가 만든 팽이를 직접 찍고 싶었는데.

유진: 내가 사진기 찬희한테 빌려줄게요. 팽이 찍고 줘.

찬희: 응, 내가 팽이 사진 찍고 줄게.

자유놀이가 끝난 후에 이 상황에 대해 유아들과 함께 이야기를 나눴다.

교사: 사진기를 가지고 놀고 싶은 친구가 많은데, 어떻게 하면 좋을까?

나라: 사진기를 더 가지고 와요. 우리 집에도 있어요.

교사: 좋은 방법이네. 안 쓰는 사진기가 있으면 집에서 가지고 오자. 그리고 사진사 역할을 하는 친구는 사진기를 오래 쓰는데 그건 괜찮을까?

소아: 나도 쓰고 싶은데, 너무 오래 쓰면 싫어요.

진주: 놀다가 다른 친구들이 달라고 하면 그때 줘요.

교사: 사진기를 쓰다가 다른 친구들이 주라고 하면 줄 수 있을까?

유아: 네, 약속해요.

사진사 역할을 하더라도 사진기를 원하는 친구가 있으면 빌려주기로 약속을 정했고, 사진을 찍고 난 후에는 역할 영역 바구니에 정리해놓기로 했다.

놀잇감의 양이 유아 수와 대비하여 충분한지 점검해보세요. 흥미로운 놀잇감을 적게 제공하면서 싸우지 말고 같이 놀라고 하는 건 유아에게 어려운 일이에요. 놀잇감의 수가 적다면 유아들과 충분히 상의한 후 제공하세요. 이런 과정을 반복하다 보면 유아스스로 약속을 만들며 나누어 사용할 수 있어요.

✎ 놀이를 통해 경험한 교육과정 관련 요소

• 사회관계 – 사회에 관심 가지기   • 예술 경험 – 예술 감상하기

09

내가 만든 재미있는
고래밥 놀이

🍎 **고래밥으로 재미있는 놀이를 만들어요**

체험학습 간식시간에 찬희가 고래밥 속 과자를 하나 꺼내 선생님에게 퀴즈를 냈다. "선생님, 이게 뭘까요?" "고래 같은데?" "땡! 복어예요. 이건 뭘까요?" "꽃게. 이건 알겠네." "이건 뭘까요?" "잘 모르겠는데 뭐야?" "나도 몰라요"라며 입속으로 과자를 넣었다. 찬희는 다른 아이들에게도 퀴즈를 내며 과자를 나눠 먹었다. 교사는 고래밥을 살펴보며 바다 동물에 관해 알아보는 재미있는 자료라는 생각이 들었다.

🍎 **준비물**

고래밥, 접시

🍎 **놀이 방법**

❶ 고래밥으로 할 수 있는 놀이를 생각해본다.

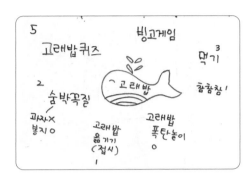

아래와 같이 유아가 고래밥으로 할 수 있는 놀이와 방법을 정해보았다.

① **고래밥 퀴즈**: 고래밥을 펼쳐놓고, 퀴즈의 정답 찾아서 먹기

② **고래밥 빙고**: 고래밥을 빙고판에 놓고 2줄을 없애면 빙고라고 외치는 게임(과자 상자에
   빙고 게임이 있어서 해본 유아가 있었음)

③ **고래밥 숨바꼭질**: 고래밥을 유치원에 숨긴 후 찾아서 먹는 놀이(과자를 숨기면 더러워져
   서 못 먹게 되므로 과자 상자에 있는 고래밥 그림을 잘라서 사용하기로 함)

④ **고래밥 옮기기**: 고래밥을 흘리지 않고 접시로 옮기는 놀이

⑤ **고래밥 폭탄 놀이**: 노래가 나오는 동안 고래밥을 담은 그릇을 친구들과 주고받다가 노래
   가 멈췄을 때 가지고 있는 사람이 벌칙을 받는 게임

⑥ **고래밥 참참참**: 참참참 놀이를 해서 이긴 사람이 고래밥을 먹는 게임

⑦ **고래밥 그냥 먹기**

하고 싶은 놀이에 대한 의사결정 경험이 쌓이면 이전보다 더 많은 놀이 방법이 나오고, 놀이 순서도 빠르게 결정할 수 있어요. 재미 있는 놀이가 많아서 아이들이 하고 싶은 놀이만 해도 시간이 모자 랄 것 같아요. 그래서 계획은 여유 있게 작성하는 게 좋겠죠?

❷ 고래밥 놀이 중 가장 먼저 하고 싶은 놀이를 정한다.

"어떤 놀이를 먼저 해보고 싶나요?"

❸ 고래밥으로 함께 놀이를 해본다.

> ✽ 고래밥 퀴즈를 맞혀라!
>
> ① 고래밥을 접시에 담는다.
>
> - 유아 수에 따라 퀴즈를 푸는 방법을 바꿀 수 있다.
>
>   예) 퀴즈를 듣고 출발선에서 뛰어와 고래밥 찾아 먹기, 모든 유아가 개인 접시에 과자 를 받은 후 퀴즈의 정답을 찾아 과자 먹기 등
>
> ② 교사가 내는 퀴즈를 듣고 고래밥 과자 중에서 정답을 찾는다.
>
> 교사: 엉금엉금 기어 다니기도 하고 헤엄도 치는 동물은 무엇일까요?
>
> 유아: 거북이!(거북이 과자를 찾아 먹는다)
>
> 교사: 하늘에 떠 있는 별과 같은 모양의 동물은 무엇일까요?
>
> 유아: 불가사리!(불가사리 과자를 찾아 먹는다)
>
> ③ 유아가 퀴즈를 내고 친구들이 정답을 찾는다.
>
> 하림: 위험할 때는 뾰족뾰족 가시 같은 것이 나오는 물고기는?

유아: 복어! 나는 복어 3개나 있다.

상석: 다리가 10개나 되는 동물은?

유아: 오징어! 나는 오징어 없다. 없으면 못 먹어요?

하준: 귀여운 돌고래를 찾아!

유아: (돌고래를 찾아 먹는다)

정답을 찾아 과자를 먹을 때 자연스럽게 고래밥의 개수를 세어보는 유아가 많았고, 정답 과자가 없는 친구에게는 해당 과자를 주며 같이 먹는 유아도 있었다.

❋ 고래밥 그냥 먹기!

교사: 이다음에는 어떤 놀이를 해볼까?

찬희: 고래밥 그냥 먹기 놀이 어때?

유진: 좋아. 선생님 접시에 남은 거 그냥 먹어요.

교사: 그래, 접시에 남은 건 맛있게 먹어보자.

하준: 선생님, 저는 이거 한 입에 다 넣을 수 있어요.

하준이는 두 손에 고래밥을 담아 한 입에 털어 넣었다.

나라: '한 입만!'이네. '맛있는 녀석들'에 나오는데 나도 한입만!

하준이의 '한 입만'을 보고 다른 친구들도 따라 했다.

다예: 나는 저렇게 많이는 못 먹어요.

교사: 그럼 다예는 고래밥을 한 번에 몇 개 먹을 수 있어?

다예: 5개?

다예는 고래밥 5개를 세어 한 손에 올리고 한 입에 먹었다.

아이들은 저마다의 방법으로 고래밥을 맛있게 먹었다. 고래밥을 먹으면서 모양에 따른 동물 이름을 말하거나 고래밥의 개수를 세는 모습을 볼 수 있었다.

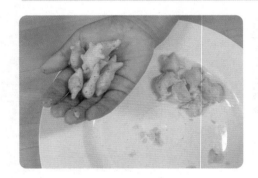

놀이 중에 수 세기, 분류하기가 이루어졌어요. 아이들의 놀이를 잘 살펴보면 교사가 의도하지 않았지만, 교육과정과 연결할 수 있는 부분이 많아요.

✿ 고래밥을 옮겨라!

교사: 고래밥 옮기기 게임은 어떻게 하는 거야?

찬희: 고래밥을 접시에 담아서 옮겨요.

하준: 손으로 하나씩 옮겨요.

교사: 친구들이 고래밥을 많이 만지면 더러워질 수도 있을 것 같은데.

나라: 그럼, 고래밥을 손바닥으로 쓰윽 밀어요.

교사: 손을 사용하지 않고 옮기는 방법은 없을까?

유진: 그럼, 접시에서 접시로 이렇게 대고 밀어요.

교사: 접시에서 접시로 옮기는 방법은 괜찮을 것 같네. 그럼 고래밥을 10개 정도 올려볼까?

희정: 아니오. 과자 하나 다 넣어요. 많이 있으면 좋겠어요.

유아: 다 넣어주세요. 할 수 있어요.

게임을 하기 전에 모든 유아가 접시에서 접시로 고래밥을 옮겨보았다. 그리고 고래밥을 옮겨라! 게임을 했다.

① 두 팀으로 나누고 개인 접시를 갖는다.

② 첫 번째 유아 접시에 고래밥을 담는다.

③ 시작 신호에 맞춰 내 접시에서 옆 친구 접시로 고래밥을 옮긴다.

④ 마지막 친구가 준비된 접시에 고래밥을 옮긴 후 빙고를 외친다.

처음에는 급하게 옮기려다가 접시에서 빠져나간 고래밥을 줍느라 시간이 더 걸렸다. 다음 번에는 빨리하는 것보다 정확히 고래밥을 옮기는 데 집중했다.

❹ 고래밥 놀이를 평가한다.

✎ **놀이를 통해 경험한 교육과정 관련 요소**
• 자연탐구 – 생활 속에서 탐구하기, 자연과 더불어 살기

10

고래밥 속에 누가 있나요?

🍎 고래밥으로 분류하기, 수 세기 활동을 해요

유아가 만든 고래밥 놀이를 하면서 자연스럽게 고래밥을 관찰하여 모양을 구별했고, 바다 동물의 이름을 말하기도 했다. 그래서 고래밥의 모양에 따라 분류를 해보는 수 놀이를 하게 되었다.

🍎 준비물

고래밥, 그릇, '고래밥 속에 누가 있나요?' 활동지, 연필

🍎 **놀이 방법**

❶ 고래밥을 모양에 따라 분류해본다.

❷ 고래밥을 분류한 후 몇 마리인지 세어본다.

❸ 고래밥을 분류한 활동지를 보며 함께 이야기를 나눈다.

"가장 많은(적은) 바다 동물은 무엇인가요?"

"똑같은 수의 바다 동물이 있나요?"

"고래가 제일 많은 사람 손들어볼까요?"

- 모든 유아의 과자 수가 동일하지 않으므로 개별적으로 상호작용할 수 있다.

- 고래밥 과자 구성이 변경되어 분류하기 활동지가 바뀌었다.

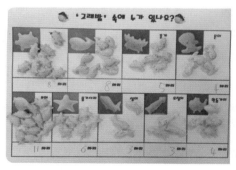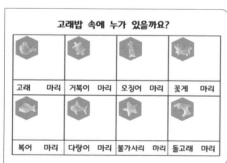

"오징어가 엄청 많아요."

숫자를 기호로 표기하기 어려운 경우에는 몇 마리인지 적을 필요가 없어요. 유아 수준에 맞게 많다, 적다의 개념으로 접근해도 충분해요.

위 활동은 유아의 흥미를 바탕으로 했지만, 교사가 놀이 자료와 방법을 모두 계획했어요. 이 활동에 놀이적 요인을 넣어 바꿔볼 수 있는 부분을 생각해볼까요?

① 고래밥이 그려진 활동지를 보여주며 유아가 할 수 있는 놀이 방법을 생각해보기
   - 예상되는 놀이: 고래밥 그림 그리기, 고래밥 모양 따라 찾기, 고래밥 칸 채우기, 고래밥 분류하기 등
② 고래밥 놀이의 집단구성 방법 선택하기
   - 고래밥 분류하기 놀이를 각자 해볼까요? 친구와 같이해볼까요?

✎ 놀이를 통해 경험한 교육과정 관련 요소
• 자연탐구 – 생활 속에서 탐구하기

11

고래밥 빙고

🍎 **냠냠 놀이하며 고래밥을 먹어요**

고래밥 상자 안쪽에는 빙고판이 그려져 있어서 그것을 가지고 빙고 게임을 해본 유아들이 있었다. 그래서 고래밥으로 할 수 있는 놀이에 관해 이야기했을 때 바로 빙고 게임을 하자고 했다. 고래밥 상자가 유아 수만큼 없어서 빙고 게임판을 따로 제공했다. 자신이 원하는 모양의 고래밥을 빙고판에 놓고, 고래밥의 모양을 말하는 놀이로 자연스럽게 놀이 속에서 모양을 알고 구별할 수 있다.

🍎 준비물

빙고 게임판, 고래밥

🍎 놀이 방법

❶ 빙고판에 유아가 원하는 대로 고래밥을 올려놓는다.

❷ 첫 번째 유아가 고래밥 종류 중 1개의 이름을 말한다.

❸ 해당 고래밥이 있으면 빙고판에서 고래밥을 빼서 먹는다.

❹ 돌아가면서 놀이를 반복한다.

❺ 빙고판에 고래밥을 모두 없앤 유아가 "빙고"라고 외친다.

  • 빙고판에 같은 모양의 고래밥이 여러 개 올라갈 수도 있다. 단, 친구가 고래밥 이름을 말했을 때 2개가 있더라도 1개만 먹을 수 있다.
  • 유아의 발달 수준에 따라 고래밥을 2~3줄 먼저 없애는 유아가 승리하는 방식으로 바꿀 수 있다.
  • 유아의 발달 수준에 따라 빙고 게임판의 난이도를 조절하여 제시할 수 있다.

✏️ 놀이를 통해 경험한 교육과정 관련 요소

• 자연탐구 – 생활 속에서 탐구하기

12

고래밥을 옮겨라!

🍎 **유아가 놀이 자료를 선택했어요**

유아들이 고래밥으로 했던 놀이 중 고래밥 옮기기 놀이를 다시 하고 싶다고 했다. 손을 사용하지 않고 고래밥을 옮기는 방법으로 젓가락을 사용해 보았는데 너무 어렵고 과자가 잘 부서졌다. 교실을 돌아다니며 적절한 도구를 찾다가 빨대를 사용해보기로 했다. 처음에는 젓가락처럼 빨대 2개로 고래밥을 잡아보려고 시도하다가 고래밥을 빨아드리는 방법으로 바꿨다. 고래밥이 가벼워서 유아들도 쉽게 옮길 수 있었고, 옮긴 개수만큼 먹을 수 있다고 하니 더 열심히 놀이에 참여했다.

고래밥, 빨대, 접시

❶ 제한 시간 동안 빨대로 고래밥을 접시에 옮긴다.

❷ 몇 마리를 옮겼는지 각자 세어본다.

❸ 옮긴 고래밥을 먹는다.

💡 유아의 발달 수준에 맞춰 제한 시간을 충분히 제공한다.

💡 활동을 시작하기 전 한 주먹 정도 고래밥을 나눠준 후 시작해도 좋다.

✏️ 놀이를 통해 경험한 교육과정 관련 요소

• 신체운동·건강 – 신체활동 즐기기

13

고래밥 속 바다 동물
이름 카드놀이

🍎 고래밥 속 동물 이름 글자에 관심을 가져요

　고래밥 관련 놀이를 할수록 또 하고 싶다는 유아가 많았다. 놀이 후 과자를 먹을 수 있다는 장점도 있었지만, 바다 동물에도 관심이 많았다. 이러한 유아의 흥미를 바탕으로 고래밥 속 동물을 이용한 한글 놀이를 계획했다. 이 활동은 유아가 바다 동물의 이름을 계속 보며 글자에 익숙해질 수 있도록 돕는 놀이이다.

🍎 준비물

고래밥 한글 카드, 고래밥, 그릇

🍎 놀이 방법 1. 누구일까요? (만 4~5세)

❶ 고래밥 카드와 한글 카드를 펼쳐놓는다.

- 최근 고래밥 과자 구성이 변경되어 고래밥 한글 카드를 수정했다.

❷ 교사가 퀴즈를 낸다.

"고래밥 중에서 다리가 가장 많은 동물은 무엇일까요?"

"가장 많은(적은) 바다 동물은 무엇일까요?"

"8마리가 모여 있는 바다 동물은 무엇일까요?"

❸ 퀴즈 정답인 바다 동물 카드와 한글 카드를 찾는다.

대집단 활동보다는 개별 또는 소집단 활동에 적합한 활동인 것 같아요. 놀이 방법을 소개해준 후 자유놀이에 교사의 개입 없이 유아들이 직접 해봐도 좋을 것 같아요.

❹ 유아가 문제를 내고 답하며 놀이한다.

> 나라: 이건 느릿느릿 걸어. 등껍질도 있어. 누구일까요?
>
> 찬희: 거북이!
>
> 찬희는 거북이 고래밥 카드와 한글 카드를 찾았다.
>
> 나라: 딩동댕. 다음 문제. 아기 음음 뚜루루~ 귀여운 뚜루루~ 이 노래에 나오는 동물이야. 날카로운 이빨을 가졌어.
>
> 초롱: 상어! 음…. 상어 카드 여기 있고, 이거랑 같은 카드가, 음~ 찾았다!
>
> 한결: 내가 제일 좋아하는 고래밥은 무엇일까요?
>
> 다예: 고래?
>
> 한결: 땡!
>
> 다예: 불가사리?
>
> 한결: 정답! 빨리 찾아봐.

🍎 **놀이 방법 2. 카드 짝짓기(만 3~5세)**

❶ 고래밥 카드와 한글 카드를 펼쳐놓는다.

❷ 고래밥 카드와 한글 카드를 연결 지어 짝을 찾아준다.

❸ 짝을 모두 찾아주면 '빙고'라고 외친다.

💡 만 3세는 고래밥 카드를 한꺼번에 맞히기보다는 1개씩 한글 카드를 주고 같은 고래밥 카드 찾아본다.

✏️ 놀이를 통해 경험한 교육과정 관련 요소
- 자연탐구 – 생활 속에서 탐구하기
- 의사소통 – 읽기와 쓰기에 관심 가지기

14

내가 만든 맛있는
아이스크림 가게

🍎 **자유놀이 속 아이스크림 가게 놀이가 확장되었어요**

깔때기 종이컵으로 만든 수박으로 아이스크림 가게 놀이를 하는 친구들이 있었다. "딸기맛 아이스크림 얼마에요?", "1,000원입니다." "딸기맛 하나 주세요." 놀이 1일 차에는 가게 주인이 아이스크림을 건네고 손님은 맛있게 먹고 끝났다. 이 놀이에서 유아의 역할을 확대하거나 적극적으로 참여할 수 있는 부분을 고민하다가 가게 주인은 요리사가 되어 맛있는 아이스크림을 만들어보고, 손님은 자신이 원하는 아이스크림을 주문해서 먹어보는 재미를 더해보기로 했다.

🍎 준비물

아이스크림 재료(비즈, 뿅뿅이, 솜, 조개 등), 그릇, 스푼, 앞치마

🍎 놀이 1일: 자유놀이 속 아이스크림 가게 놀이

> 교사: 선생님도 수박맛 아이스크림 하나 주세요.
>
> 찬희: 여기 있어요. 1,000원입니다.
>
> 교사: 냠냠~ 아이스크림 맛있네요. 수박맛 말고 다른 맛은 없나요?
>
> 찬희: 이건 초코맛이에요.
>
> 찬희는 '나만의 수박 꾸미기' 활동에서 만들었던 다양한 무늬의 수박 중 하나에 막대를 붙여주었다.
>
> 교사: 여기 빙수는 안 파나요? 딸기 빙수 먹고 싶은데….
>
> 찬희는 딸기 모형 장난감을 컵에 담아 딸기 빙수를 가지고 왔다.
>
> 찬희: 여기 딸기 빙수입니다.
>
> 유진: 나는 초코 빙수 주세요.
>
> 찬희: 잠깐만 기다리세요.
>
> 찬희는 그릇에 초코렛과 당근을 담고 뿅뿅이를 넣어 초코 빙수를 만들었다.
>
> 유진: 숟가락도 줘. 이건 떠먹는 거잖아.
>
> 찬희는 유진이에게 숟가락도 함께 건넸다. 다른 친구들도 찬희에게 아이스크림을 주문했다.

❶ 자유놀이 시간에 했던 아이스크림 가게 놀이에 대해 이야기를 나눴다.

> 찬희: 아이스크림 가게주인이었어요. 친구들이 엄청 많이 아이스크림 사 먹었어요.
>
> 교사: 아이스크림 가게에서 친구들은 어떤 아이스크림을 사먹었나요?
>
> 나라: 저는 초코렛이랑 바나나 빙수 먹었어요.

교사: 찬희가 초코렛 바나나 빙수 만들어줬어? 찬희야 어떻게 만들었어?

찬희: 초코렛이랑 바나나 넣었어요. 그리고 거기에 뿅뿅이도 넣어줬어요.

교사: 와~ 진짜 초코렛 바나나 빙수 같았겠다. 선생님도 먹어보고 싶네.

유진: 저도 빙수 만들었어요. 소아가 치즈망고 빙수 해달라고 했어요.

교사: 소아는 치즈망고 빙수를 먹어본 적이 있니?

희정: 네, 엄마랑 동생이랑 같이 치즈망고 빙수를 먹었는데 맛있었어요. 치즈가 네모난 모양으로 나오고 망고는 노란색으로 나왔는데 유진이는 레몬이랑 뿅뿅이 넣어줬어요. 치즈가 네모 모양이라고 하니까 레고도 넣어줬어요.

❷ 아이스크림을 만들 수 있는 재료들을 생각해본다.

교사: 여러 가지 장난감을 이용해서 아이스크림을 만들었구나. 교실에 있는 장난감 중에서 또 무엇을 이용해서 아이스크림을 만들 수 있을까?

나라: 미술 영역 비즈도 좋아요.

하림: 색종이도 괜찮고, 조개도 써도 돼요?

찬희: 아까는 뿅뿅이랑 레고도 썼어요.

상석: 자석도 써요.

다양한 장난감과 자료를 이용해서 아이스크림을 만들어볼 수 있도록 했다. 오후 자유놀이 시간에 더 많은 유아가 아이스크림 가게 놀이에 참여했다.

여러 가지 재료를 넣어 아이스크림을 만들다 보니 역할 영역에 있는 그릇이 너무 작아 조금 더 큰 그릇이 필요할 것 같았다. 교사는 가정에 아이스크림 가게 놀이를 안내하며 아이스크림 숟가락(일회용 플라스틱), 아이스크림을 담을 재활용 용기를 보내 달라고 했다. 그리고 아이스크림 가게 놀이를 확장하기 위해 빙수 외에도 다양한 종류의 아이스크림 사진 자료를 준비했다.

❶ **다양한 종류의 아이스크림 사진을 보며 이야기를 나눈다.**

"내가 먹어본 것 중에 가장 맛있는 아이스크림은 무엇이었나요?"

❷ **아이스크림을 만든다.**

> **콘 아이스크림 만들기**
>
> ① 아이스크림콘이 되는 두꺼운 종이(원의 1/4 모양)와 볼풀공을 매직과 스티커로 꾸민다.
>
> ② 종이를 아이스크림콘 모양으로 말아 테이프를 붙인다.
>
> ③ 교사가 글루건으로 볼풀공을 붙여준다.

• 교사가 계획한 콘 아이스크림 외에도 유아가 만들고 싶은 아이스크림을 만들 수 있도록 한다.

막대 아이스크림 만들기

① 깔때기 종이컵으로 만든 수박에 아이스크림 막대를 붙인다.

② 백업 아래쪽에 아이스크림 막대를 꽂는다.

 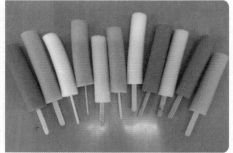

❸ 아이스크림 가게를 만든다.

❹ 아이스크림 가게주인과 손님 역할을 정한다.

❺ 아이스크림 가게 놀이를 한다.
- 손님이 먹고 싶은 메뉴를 말하면 주인이 아이스크림을 직접 만들어준다.
- 유아 수에 따라 가게주인을 2~4명으로 정해 주문받는 사람, 아이스크림 만드는 사람으로 역할을 나눌 수 있다.

❻ 주인과 손님 역할을 바꿔 아이스크림 가게 놀이를 한다.

> 유아가 직접 아이스크림을 만드니 다양한 종류가 나오기도 하고 더 재미있어하는 것 같았다. 손님에서 가게주인으로 역할을 바꾸려던 나라가 이전 주인인 찬희에게 아이스크림을 정리하라고 했다.
>
> 나라: 야, 아이스크림 치우고 가야지. 접시에 그대로 아이스크림 있잖아.
>
> 찬희: 나는 빙수 만드느라 치울 시간 없어. 그리고 이거 손님이 먹었잖아.
>
> 교사: 손님들이 아이스크림을 먹고 접시만 놓고 갔구나. 어떻게 하면 좋을까?
>
> 나라: 요리사는 치울 시간 없다고 하니까 손님이 치워요. 자기가 먹은 거.
>
> 교사: 주인은 아이스크림을 만드느라 너무 바쁘니까 다 먹은 다음에는 손님이 정리하는 거로 하자.
>
> 문제 상황을 교사가 해결해주기보다는 유아들이 스스로 방법을 찾아나갈 수 있도록 한다.

✏️ 놀이를 통해 경험한 교육과정 관련 요소
- 예술 경험 – 창의적으로 표현하기

15

유치원에서 물놀이를 해요

🍎 **유아와 함께 물놀이를 계획해요**

수영장 체험학습을 다녀온 후 유치원에서 수영장 놀이를 더 하고 싶다고 했다. 더운 여름을 나기 위해 유치원에서도 물놀이를 하면 좋을 것 같아 아이들이 함께 계획해보 았다. 거기에 교사가 생각한 미꾸라지 잡기 놀이도 추가하여 더욱더 재미있는 물놀이 를 하게 되었다.

🍎 준비물

물놀이 풀장, 물·모래 놀이 용품, 볼풀공, 비치볼, 물총, 수건, 여벌옷, 물안경, 미꾸라지, 비닐봉지

🍎 놀이 방법

❶ 유치원에서의 물놀이를 유아와 함께 계획한다.

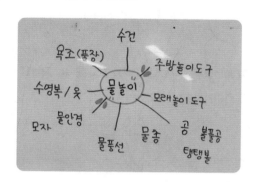

한결: 선생님, 우리 저번에 했던 수영장 또 만들어요.

교사: 수영장 만들어서 물놀이 했던 거 재미있었어?

초롱: 저도 또 하고 싶어요. 물놀이 재미있어요.

교사: 그럼, 이번에는 유치원에서 진짜 물놀이를 해보면 어떨까? 유치원에서 물놀이를 하려면 무엇이 필요할까?

찬희: 물놀이 하는 큰 욕조요.

교사: 그럼 물놀이 풀장은 선생님이 준비할게. 또 뭐가 있어야 할까?

나라: 수영복이랑 수영모자, 물안경이요.

다예: 갈아입을 옷도 있어야 해요.

교사: 수영복 가지고 와도 되고, 여기는 수영장 아니니까 그냥 옷 입고 해도 될 것 같아.

찬희: 물총 놀이도 해요. 형이랑 수영장 갔을 때 물총도 가지고 놀았어요.

한결: 공도 가지고 놀아요.

나라: 진짜 물을 넣어요? 볼풀공을 넣어요?

교사: 이번에는 진짜 물을 넣어서 물놀이를 해볼 거야. 풀장에 볼풀공도 같이 넣어볼까?

나라: 네. 그리고 모래 놀이 도구도 넣으면 좋겠어요.

교사는 물놀이와 함께 물총, 볼풀공, 탱탱볼, 물풍선, 모래 놀이 도구, 주방 놀이 도구를 준비하기로 했다. 또 재미있는 물놀이를 찾아보던 중에 미꾸라지 잡기 놀이를 추가로 계획했다.

아이들과 함께 놀이를 계획해보세요. 교사 혼자 계획할 때보다 재미있는 놀이를 많이발견할 수 있어요!

❷ 물놀이를 가정에 안내하여 준비한다.

- 물놀이는 햇빛이 쨍쨍한 무더운 날씨에 하는 것이 좋다. 날이 흐리면 물놀이 후 감기에 걸릴 수 있으므로 날씨를 잘 살펴 날짜를 정한다.
- 미꾸라지는 물놀이 당일 아침에 1kg(15,000~20,000원) 정도 구입했다.

❸ 물놀이 안전 규칙을 알아본다.

❹ 물놀이를 한다.

- 물놀이 1시간 전에 미리 물을 받아둔다.
- 여벌옷을 미리 가방에서 빼서 바로 갈아입을 수 있도록 준비한다.
- 미꾸라지를 무서워하는 유아도 있으므로 처음에는 5마리 정도만 넣었다가 익숙해지면 추가로 넣는다.
- 집에 가져간 미꾸라지를 이용한 요리 사진(추어탕, 미꾸라지 튀김 등)을 받아 다음날 이야기를 나눈다.

✏️ 놀이를 통해 경험한 교육과정 관련 요소

- 신체운동·건강 – 신체활동 즐기기

16

에어캡으로 재미있게 놀아요

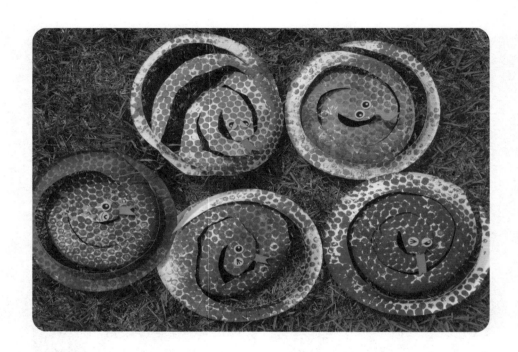

🍎 **개방적인 자료로 재미있는 놀이를 만들어요**

미술 활동에서 사용했던 에어캡에 관심을 가지는 유아가 많아 영역에 넣어주었더니 다양한 놀이가 이루어졌다. 다음날인 놀이 2일 차에는 유아의 흥미를 집단 활동으로 연결했고, 놀이 3일 차에는 교사가 준비한 미술 놀이를 소집단으로 했다.

🍎 **준비물**

에어캡, 종이 접시, 물감, 납작붓, 눈알 스티커, 가위, 색종이, 테이프

🍎 **놀이 1일: 에어캡으로 자유놀이하기**

❶ 미술 영역에 에어캡을 넣어준다.

❷ 에어캡으로 자유놀이를 한다.

- 에어캡에 그림 그리기, 에어캡 터트리기, 에어캡으로 도로 만들기 등

🍎 **놀이 2일: 에어캡으로 함께 놀이하기(대집단 활동)**

❶ 에어캡을 이용해서 할 수 있는 놀이에 대해 이야기를 나눈다.

"에어캡을 이용해서 어떤 놀이를 했나요?"

"에어캡으로 친구들과 함께 어떤 놀이를 할 수 있을까요?"

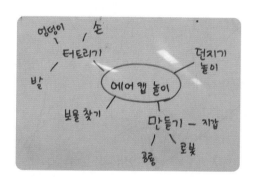

❷ 에어캡을 이용해 함께 놀이를 해본다.

> ✳ 에어캡 터트리기 놀이
> ﹏﹏﹏﹏﹏﹏
>
> 유진: 이거 터트리기 놀이해요. 엄마랑 뽁뽁 눌러서 터트리는 거 재미있었어요.
>
> 에어캡을 나눠 가져가 터트리기 놀이를 했다. 대부분의 유아가 앉아서 터트렸는데, 찬희가 에어캡 위에 올라서서 발로 터뜨렸다. 찬희의 행동을 보고 다른 유아들도 따라 했다.
>
> 찬희: 선생님, 들어봐요. 우리 반에 비가 내리는 것 같아요.
>
> 교사: 정말 빗소리 같다. 톡톡톡 터지는 소리가 비 내리는 것 같네.

나라: 선생님, 이렇게 비틀면 더 많이 터져요.

한결: 엉덩이로 팡 하고 터트릴 수도 있어요. 그런데 엉덩이가 아파요.

✿ 에어캡 보물찾기 놀이

교사: 이번에는 에어캡으로 어떤 놀이를 해볼까?

초롱: 선생님, 이 에어캡 숨겨서 찾기 놀이해요.

교사: 그래, 에어캡 보물찾기 놀이해보자. 그럼 누가 에어캡 숨겨볼래?

2명의 유아만 손을 들어 에어캡을 숨기고 싶어 했다. 나머지 친구들이 눈을 가리고 엎드려 있는 동안 2명의 유아가 에어캡을 교실 곳곳에 숨겼다.

교사: 자, 이제 에어캡을 찾으러 가보자.

교실에 숨겨진 에어캡을 모두 찾은 후에 게임을 더 하자고 했다. 이번에는 2명의 유아를 빼고 나머지 유아들이 술래를 하고 싶어 했다.

교사: 그럼, 술래를 어떻게 정할까?

시온: 가위바위보 해요. 이긴 사람이 숨겨요.

가위바위보에서 이긴 사람이 3명이었다. 그런데 가위바위보에서 진 나라가 자기도 술래를 하고 싶다고 했다.

교사: 가위바위보에서 졌는데도 나라가 술래를 하고 싶다고 하네. 어떻게 하면 좋을까?

유진: 양보. 누가 양보해요.

교사: 양보해줄 술래 있니?

가위바위보에서 이긴 3명의 유아 모두 술래를 하고 싶어 했다.

찬희: 나도 술래 하고 싶어요.

나라 외에도 술래를 하고 싶어 하는 유아가 많았다.

찬희: 그냥 다 술래해요. 선생님이랑 친구가 찾아요.

찬희의 말대로 술래를 하고 싶은 12명의 친구가 술래를 하기로 하고, 유아 2명과 선생님이 숨겨진 에어캡을 찾기로 했다.

술래의 수가 보물을 찾는 유아보다 더 많을 수도 있어요. 유아가 원할 때 안 된다고 생각하지 말고, 어디까지 허용이 가능한지 범위를 생각해보세요. 놀이에 크게 방해가 되지 않는다면 유아의 의견을 수용해주세요.

❖ 에어캡으로 자유롭게 만들기 놀이

교사: 에어캡 보물찾기도 재미있다. 에어캡으로 또 할 수 있는 놀이가 있을까?

초롱: 에어캡으로 망원경 만들 수 있어요.

찬희: 배도 만들 수 있어요.

교사: 에어캡으로 친구들이랑 같은 걸 만들어볼까요? 아니면 각자 만들고 싶은 것을 만들
      까요?

유아: 내가 만들고 싶은 거 만들래요.

유아들은 빨대와 테이프, 뽕뽕이를 이용해서 망원경, 칼, 배, 지갑, 잠수함, 파리채, 엑스맨
손 등을 만들었다.

한결: 이건 오징어예요. 눈이 지금 없어요. 선생님, 눈 스티커 주세요.

나라: 선생님, 저는 매직 주세요. 칼에 그림 그릴 거예요.

찬희: 선생님, 이거 테리지노사우루스예요. 이거 발톱이 엄청 길고 앞에 나와 있거든요.
      이거 한 개 더 있으면 진짜 공룡 같겠다.

유아들은 자신들만의 이야기를 담아 작품을 소개했다.

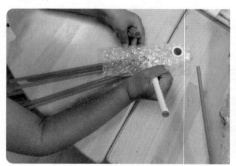

에어캡에 대한 흥미가 높아 이를 이용한 활동을 찾아보았다. 종이 접시와 에어캡을 이용한 미술 놀이가 있어 유아들에게 소개했다. 에어캡으로 뱀 만들기를 하고 싶은 친구들만 참여하도록 했다. 완성된 뱀 사진을 보고 모든 유아가 하고 싶다고 했다.

교사: 물감을 사용하는 활동이라서 모든 친구가 동시에 하기는 어려울 것 같아.

찬희: 그럼, 나는 레고로 뱀 만들고 있을래요. 너희 먼저 해.

나라: 뱀 만들기 먼저 하고 싶어요.

교사: 찬희처럼 레고 만들기 한 후에 뱀을 만들어도 돼. 하고 싶은 놀이를 먼저 하고 있으면 선생님이 다음 차례로 불러줄게. 그럼 뱀을 먼저 만들고 싶은 사람 손들어볼까?

5명이 먼저 종이 접시에 물감 찍기까지 하고 자유놀이를 하러 갔다. 교사는 자유놀이를 하는 유아 중 하고 싶은 친구들을 불렀고, 4명의 유아가 와서 활동을 했다. 소집단 활동을 3번 했고, 1명은 하고 있는 놀이가 재미있었는지 뱀 만들기는 하지 않겠다고 했다.

에어캡에 흥미 있는 유아를 보며 교사도 재미있는 놀이 아이디어를 냈어요. 교사가 계획했다고 해서 꼭 대집단 활동일 필요는 없어요. 놀이에 참여하고 싶은 유아만 소집단으로 해도 돼요. 아이들에게 선택권을 주세요.

❶ 에어캡에 물감을 칠한 후 종이 접시에 찍는다.

❷ 물감이 마를 때까지 기다린다.

❸ 물감이 마르면 종이접시를 뱀처럼 길게 자른다.

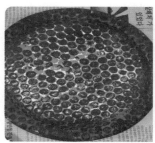  

❹ 완성한 뱀은 몸에 둘러보거나 바깥 놀이터에서 가지고 놀이한다.

🖋 놀이를 통해 경험한 교육과정 관련 요소
• 예술 경험 – 창의적으로 표현하기

17

컵 쌓기 놀이를 해요

🍊 **생각이 다른 유아의 의견을 모두 수용해주세요**

　한결이의 컵 쌓기 놀이를 보고 몇몇 친구가 놀이에 참여했다. 그래서 교사는 컵스택 컵을 수조작 영역에 제공해주었다. 컵으로 자유롭게 탐색 놀이를 하다가 컵 탑 쌓기 활동을 대집단으로 하게 되었다. 컵 탑을 높게 쌓고 싶은 친구와 컵을 많이 사용해서 멋지게 만들고 싶은 친구로 나뉘었다. 교사는 2개의 모둠으로 나누어 유아가 원하는 대로 컵 탑을 쌓을 수 있도록 허용해주었다.

🍎 　준비물

컵 쌓기 동영상, 컵스택

🍎 　놀이 1일: 자유롭게 컵 쌓기

❶ 컵을 쌓는 유아와 이야기를 나눈다.

> 한결: 컵을 쌓았다가 다시 포갰다가 하는 거야. 이거 엄청 어려워.
>
> 교사: 한결이가 컵을 정말 잘 쌓는구나. 쌓았다가 다시 포개기도 잘하는데.
>
> 은지: 맞아요. 한결이 언니가 초등학교 컵 쌓기 대회에서 1등 했어요.
>
> 한결: 언니 할 때 저도 같이해요. 우리 언니는 엄청 빨리 컵을 쌓아요.
>
> 교사: 그래서 한결이도 컵 쌓기 잘하는구나. 선생님이 컵을 이곳에 많이 준비해두었어.
>
> 　　　한결이처럼 컵을 쌓고 싶은 친구는 해봐도 좋아.
>
> 한결이처럼 컵을 빨리 쌓았다가 포개보는 유아도 있었고, 잘 되지 않자 그냥 컵을 여러 가지 모양으로 쌓으며 놀이를 하는 유아도 있었다.

❷ 컵으로 자유롭게 놀이를 해본다.

자유놀이 시간에 컵으로 놀이를 하는 유아가 많았다. 컵을 피라미드 모양으로 높게 쌓거나 위로 쌓는 유아도 있었다. 대부분의 유아가 위로 쌓아 올렸다가 무너뜨리고 다시 쌓는 놀이가 반복되었다.

나라: 선생님, 제 키보다 더 커요.

한 줄로 쌓아 올린 컵이 아슬아슬하게 버티고 있었는데, 나라가 키가 같다며 손동작을 하자 무너지고 말았다.

나라: 컵이 너무 금방 무너져요. 나보다 더 높이 높이 쌓고 싶은데….

자유놀이 평가 시간에 나라의 이야기를 유아들에게 들려주었다.

교사: 어떻게 하면 나라보다 키가 크면서도 튼튼하게 컵을 쌓을 수 있을까?

희정: 컵에 테이프를 붙여요. 안 떨어지도록.

유진: 컵이 안 쓰러지게 벽돌 블록으로 주변을 막아요.

찬희: 책 위에 컵을 올리고 또 책 위에 컵을 올려요.

교사: 어떻게 책 위에 컵이랑 책을 올릴 수 있어?

찬희: 책 위에 컵을 2개를 놓고 또 책을 올려요. 아빠랑 같이 해봤어요.

교사: 찬희 말처럼 책이랑 컵을 이용해서 쌓기 놀이를 해볼까?

컵을 2개만 놓고 쌓으니 7층에서 무너졌다. 유아들은 탑을 여러 번 쌓으면서 책과 책 사이 컵을 여러 개 놓아야 한다는 사실을 발견했다.

찬희: 선생님, 컵이 부족해요. 더 주세요.

교사: 지금 있는 컵 밖에는 없는데 어떡하지?

나라: 그럼 1층에 컵을 조금만 써. 하나, 둘, 셋, ... 열 개나 쓰니까 컵이 없잖아.

유진: 컵을 2개만 쓰면 금방 무너진단 말이야.

나라: 그럼, 컵을 3개 써.

유진: 컵을 많이 써야 탑이 멋지지.

찬희: 그럼, 컵이 부족하잖아. 높게 쌓아야 멋지지.

교사: 유진이는 컵을 많이 사용해서 탑을 쌓고 싶고, 찬희는 컵을 높게 쌓고 싶구나. 어떻
      게 하면 좋을까?

한결: 2개로 나눠서 따로따로 탑 쌓아요.

교사: 그래. 컵을 많이 써서 만들고 싶은 사람은 여기로 오고, 높게 쌓고 싶은 사람은 저쪽
      에서 쌓자.

교실에 있는 컵을 똑같이 나눠 두 팀에 제공했다.

찬희: 여기 책 끝에 컵 놓으면 튼튼해.

아빠와 컵 쌓기 경험이 있는 찬희는 탑이 쓰러지지 않기 위해 컵을 어디에 놓아야 하는지 알
고 있었고, 친구들에게 알려주었다. 친구들은 찬희의 이야기대로 컵을 놓아 탑을 쌓아갔다.

높게 쌓기? 멋지게 쌓기? 놀이에는 정답이 없어요. 생각이 다른
유아들의 의견을 모두 허용해주세요.

컵을 많이 사용해서 컵 탑 쌓는 모습

컵 탑을 높게 쌓는 모습

찬희: 우리 같이 컵 탑 높게 해보자. 같이 하면 저기 천장까지 닿을지도 몰라.

찬희의 말에 컵을 모두 모아 다 같이 탑을 쌓기로 했다.

찬희: 이렇게 책 끝에 컵을 놓고 쌓으면 튼튼해.

찬희는 컵 탑을 쌓는 방법을 다른 팀 친구들에게도 소개해주었다.

나라: 선생님, 의자에 올라가서 쌓아도 돼요?

교사: 의자에서 넘어지면 다칠 수도 있을 것 같은데?

희정: 안 넘어지게 조심조심 할게요.

찬희: 뒤에서 의자 잡아줄게요.

교사의 안전 지도가 이루어진 후 의자 위에 올라가서 탑을 더 쌓았다. 유아가 손을 뻗는 곳
까지 탑이 올라갔고, 지붕처럼 책을 펴서 올리는 것은 교사에게 도움을 요청했다.

블록을 높이 쌓을 때는 안전사고를 예방하기 위해 유아 키를 넘지 않아야 한다? 쌓기놀이 지도할 때 유의점에 대해 이렇게 배웠던 것 같아요. 하지만 안전에 관한 이야기를 충분히 나누면 아이들이 먼저 조심해서 놀이를 해요. 상황에 따라 다를 수 있겠지만, 조금 더 아이들을 믿어보면 어떨까요?

높게 쌓은 컵 탑 앞에서 사진도 찍고 키도 재보았다. 유아들은 컵 탑을 내일까지 전시하면 좋겠다고 하여 그대로 두었다. 놀다가 부서지지 않을까 싶었지만, 자신들이 만든 컵 탑 옆에서는 조심스럽게 행동하며 눈으로만 관찰하는 모습을 보였다.

✏️ **놀이를 통해 경험한 교육과정 관련 요소**
- 자연탐구 – 생활 속에서 탐구하기
- 사회관계 – 더불어 생활하기

18

보드게임을 만들어요

🍎 **유아가 직접 문제를 만들었어요**

부모님과 함께 보드게임을 하며 시간을 보내는 유아가 많아 유치원에서도 짬 시간을 이용해 보드게임을 제공하기도 한다. 어느 정도 보드게임에 익숙해진 유아라면, 경험을 토대로 다양한 놀이를 만들어낼 수 있는 능력이 있다. 유아의 능력을 믿고 함께 재미있는 보드게임을 만드는 것도 좋은 경험이 될 수 있다.

🍎 준비물

할리갈리 컵스 활동사진, 컵택스, 색연필 또는 크레파스, 가위, 풀, A3 종이

🍎 놀이 방법

❶ 할리갈리 컵스 방법을 소개한다.

교사: 고리 그림에 무슨 색깔이 있니? 아래쪽부터 순서대로 이야기해볼까?

유아: 초록, 검정, 빨강, 파랑, 노랑이요.

교사: 아래쪽에 있는 색깔 순서대로 차곡차곡 컵을 놓는 거야. 그림과 같이 컵을 빨리 놓
      는 사람이 이기는 게임이지. 우리도 이 게임을 해보면 어떨까?

유아: 좋아요. 재미있을 것 같아요.

교사: 그런데 유치원에는 초록, 빨강, 주황, 파랑 컵만 있어.

유아: 그럼, 색깔을 바꿔요.

교사: 그림 카드의 색깔을 어떻게 바꿀 수 있을까?

유아: 색칠을 다시 해요.

교사: 좋은 생각이네. 그런데 선생님이 색을 바꿀 수 있는 그림 카드가 없어.

유아: 그럼, 다시 만들어요.

교사: 너희들이 문제 카드를 직접 만들어볼 수 있겠니?

❷ 할리갈리 컵스 문제를 충분히 살펴본다.

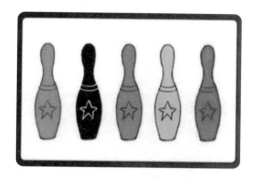

> 교사: 볼링핀이 그려진 카드를 한번 살펴보자. 이건 컵을 어떻게 배치해야 할까?
>
> 유진: 컵을 색깔별로 옆으로 놓으면 될 것 같아요. 파랑, 검정, 초록, 노랑, 빨강.
>
> 교사: 맞았어. 컵을 위로 겹치지 않고 옆으로도 놓을 수 있게 문제를 낼 수 있어.

❸ 할리갈리 컵스 문제를 유아가 직접 만들어본다.

- 유아가 직접 그리기 어려워하는 경우 교사가 그림을 제시할 수 있다.
- 준비된 컵의 색깔에 맞게 색연필이나 크레파스를 제공한다.

❹ 할리갈리 컵스 놀이를 한다.

① 눈을 감고 있다가 시작 신호에 맞춰 문제를 본다.

② 그림 카드와 같이 컵을 놓는다.

③ 컵 배치가 다 되면 종을 친다.

• 스피드컵스 대신 일반 색깔 종이컵을 활용할 수도 있다.

할리갈리 컵스 그림 카드와 완성된 컵 모습

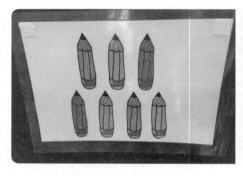

✏️ **놀이를 통해 경험한 교육과정 관련 요소**

• 자연탐구 – 생활 속에서 탐구하기

19

겨울 낚시터에 왔어요

🍎 **똑딱똑딱 유아들이 잘 만들어요!**

　겨울 낚시를 다녀온 친구의 이야기를 듣고 낚시 놀이를 하기로 했다. 낚시에 대한 경험이 없는 유아가 많았지만, 사진을 보며 겨울 낚시터를 만들어보았다. 낚시터를 어떻게 만들 것인지에 대해 여러 가지 생각을 나눈 후 친구들과 힘을 합쳐 멋진 낚시터를 만들어냈다.

🍎 **준비물**

낚싯대, 물고기, 클립, 책상, 블록, 의자, 파란 비닐봉지

🍎 **놀이 방법**

❶ **겨울 낚시터를 어떻게 꾸밀지에 대해 이야기를 나눈다.**

"지선이가 다녀온 낚시터는 어떤 모습이었는지 다른 친구들에게 이야기해줄 수 있나요?"

"왜 얼음 바닥에 구멍이 나 있을까요?"

• 겨울 낚시터 사진을 보며 이해를 돕는다.

❷ **물고기를 만든다.**

겨울 낚시터를 꾸미기 위해 물고기, 낚시터, 낚싯대가 필요하다고 했다. 낚싯대는 유치원에 있는 것을 사용하기로 해서 물고기를 먼저 만들었다. 물고기 만들기를 어려워하는 친구들은 인쇄된 그림을 잘라 다양한 재료로 꾸며보았다. 자유롭게 만들고 싶은 친구들은 사포와 파스넷을 이용해서 물고기를 만들었다.

• 낚싯대 줄 끝에 자석을 달고 물고기에는 클립을 끼워 자석에 붙게 만들었다.

❸ 유아의 생각대로 낚시터를 만든다.

물고기를 만든 후 낚시터에 대해 다시 이야기를 나눴다. 파란 카펫에 블록을 쌓아 낚시터를 만들자는 의견과 책상 위에 파란 비닐봉지를 깔아서 강물처럼 만들자는 의견이 나왔다. 책상으로 낚시터를 만들자고 결정한 후 실제로 해보니 아이들이 책상과 책상 사이를 벌리자고 했다. 그리고 바닥에 파란 비닐봉지를 깔고, 책상과 책상 사이에 블록으로 벽을 만들었다. 아이들은 낚시터가 너무 좁다며 2개를 더 만들자고 하여 추가로 낚시터를 만들었다. 수영장, 목욕탕, 꽃밭 연못, 영화관, 병원 등 역할 놀이의 환경을 직접 만들어본 경험이 많아서인지 교사의 도움 없이도 유아들이 서로 생각을 나누며 뚝딱뚝딱 낚시터를 잘 만들어갔다.

❹ 낚시 놀이를 한다.

각자 의자를 가지고 와서 낚시 놀이를 했다. 낚싯대에 물고기가 잡히면 끌어올렸다. 찬희는 잡은 물고기를 담을 통이 필요하다고 하더니 블록으로 물고기 통을 만들었다. 찬희를 보고 다른 친구들도 물고기 담을 통을 만들기도 하고 미술 영역의 물감통을 가져오기도 했다.

"선생님 근데 왜 여기에는 구멍이 없어요?"

겨울 낚시터 사진에 있던 얼음구멍이 없다며 만들자고 했다. 그래서 파란색 비닐봉지에 동그라미 구멍을 뚫어 책상 사이에 붙였다. 아이들은 얼음 구멍 사이로 낚싯대를 넣어 물고기를 잡았다. 구멍이 생겨서 물고기를 잡기가 어려워지자 물고기에 클립을 더 붙여주라는 유아도 있었다. 평가 시간에 구멍이 없을 때는 친구들이랑 낚싯대가 붙어서 풀기가 어려웠는데 얼음구멍에는 혼자만 넣으니까 편했다는 유아도 있었다.

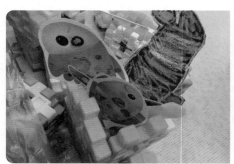

✏️ 놀이를 통해 경험한 교육과정 관련 요소

• 자연탐구 – 탐구과정 즐기기   • 예술 경험 – 창의적으로 표현하기

20

쌍둥이 수박을 찾아요

🍎 **유아가 놀이 방법을 찾을 수 있도록 비계설정을 해주세요**

미술 영역에서 찬희가 깔때기 종이컵으로 수박을 만들었다. "종이컵으로 수박을 만들었구나. 멋진 생각이네." "수박 아이스크림이에요. 어제 먹었어요. 막대만 붙이면 돼요." "막대를 붙이면 정말 수박맛 아이스크림이랑 똑같겠다." 자유놀이 평가 시간에 찬희는 친구들에게 수박맛 아이스크림을 소개했다. 이후 미술 영역에서 종이컵으로 수박을 만드는 친구가 늘었다. 수박 만들기에 흥미를 보이는 유아가 많아 이를 이용한 대집단 놀이를 계획했다.

🍊 **준비물**

깔때기 종이컵, 색연필, 수박 카드, 구슬, 바구니

🍊 **놀이 방법 1. 수박 만들기**

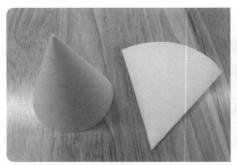 

❶ 깔때기 종이컵을 납작하게 눌러 수박 모양처럼 접는다.

❷ 수박처럼 빨간색 배경에 수박씨를 그려 넣고 껍질은 초록색과 검은색으로 표현한다.

> 교사: 오늘은 친구들과 함께 종이컵으로 수박 만들기 놀이를 해볼까?
>
> 유진: 아침에 만들었는데…. 안 만들고 싶어요.
>
> 대부분의 유아가 수박 만들기를 해봐서 흥미를 잃어버린 것 같았다. 교사는 계획했던 활동을 잠깐 멈추고, 자유놀이 시간에 만든 수박으로 놀이를 해보자고 했다.

교사의 계획대로 되지 않을 수 있어요. 교사가 준비를 하는 동안 흥미가 줄어들었다면, 유아가 하고 싶은 놀이에 대해 이야기를 나눠보거나 관련된 다른 놀이를 제안할 수 있어요!

교사: 그럼, 너희가 만든 수박을 이용해서 놀이를 해보면 어떨까?

유아: 좋아요.

교사: 이 수박으로 어떤 놀이를 할 수 있을까?

나라: 저번에 했던 아이스크림 맞추기 해요. 같은 아이스크림 찾기 놀이 있잖아요.

아이스크림콘을 깔때기 종이컵으로 만든 자료로 게임을 한 적이 있었다. 같은 재료를 사용한 놀이라서 생각이 난 모양이었다.

교사: 수박은 색깔이나 모양이 같은데, 어떻게 같은 수박을 찾을 수 있을까?

한결: 이거랑 두 개 똑같은 것 같아요.

교사: 한번 살펴볼까? 두 개의 수박이 어떤 부분이 같아?

초롱: 색이 빨간색이고 여기에 똑같이 씨가 있잖아요. 밑에 수박 껍질에 검은색도 꼬불꼬
　　　불 되어 있고.

교사: 그래. 꼬불꼬불한 부분은 비슷하네. 그런데 다른 점은 없을까?

찬희: 이건 여기 씨가 또 있잖아. 그럼 안 똑같은데.

교사: 같은 수박 카드가 2개 있어야 게임을 할 수 있는데, 어떻게 하면 좋을까?

지원: 씨를 똑같은 곳에 그려요.

교사: 수박 색깔은 모두 같으니까, 씨가 같은 걸 찾아봐야겠다.

찬희: 씨가 똑같은 수박을 만들어요.

교사: 씨의 개수가 똑같은 수박을 찾아볼까?

씨의 개수가 같은 수박을 찾아본 후 부족한 부분은 유아들이 만들기로 했다.

유아가 스스로 놀이 방법을 찾을 수 있도록 언어적 비계설정을 해주세요! 교사와의 상호작용 가운데 유아가 답을 찾아 나갈 수 있을 거예요!

❶ 두 명의 유아가 나와서 10초 동안 수박 카드의 위치를 기억한다.

❷ 수박 모양이 보이지 않게 뒤집는다.

❸ 가위바위보에서 이긴 유아가 먼저 2개의 카드를 뒤집는다.

❹ 2개의 카드가 일치하면 구슬을 1개 가진다.

❺ 카드를 모두 맞출 때까지 놀이를 반복한다.

❻ 구슬의 개수가 많은 유아가 승리한다.

- 연령과 발달 수준에 따라 수박 카드의 수를 조절한다.
- 카드가 일치했을 때 유아가 카드를 가져가는 것보다 위치를 기억하기 쉽도록 그대로 두는 것이 좋다. 대신 구슬이나 작은 조각을 가져가 점수로 활용할 수 있다.
- 수박 카드의 위치를 기억할 수 있도록 카드 밑에 색깔 블록을 놓으면 좋다.

✏️ 놀이를 통해 경험한 교육과정 관련 요소
- 자연탐구 – 생활 속에서 탐구하기   • 예술 경험 – 창의적으로 표현하기

21

나만의 수박을 꾸며요

🍎 **유아의 생각을 인정해주세요!**

　같은 수박 찾기 게임을 위해 수박 카드를 만드는데 유진이가 파란색으로 수박을 색칠했다. "유진아, 왜 수박을 파란색으로 색칠했어?" "노란색도 칠할 거예요." "파란색이랑 노란색 수박 본 적 있어?" "아니요. 그냥 파란색 수박 있으면 좋을 것 같아요." 게임에 필요한 자료로 씨의 개수에만 변화를 주기로 했지만, 유진이와 이야기한 후 다양한 색으로 수박을 색칠하도록 허용해주었다. 그리고 대집단으로 모였을 때 유진이의 파란 수박을 소개했다.

🍎 **준비물**

깔때기 종이컵, 색연필, 수박 카드, 구슬, 바구니

🍎 **놀이 방법**

> 교사: 선생님은 수박을 그릴 때 빨간색으로 색칠해야 한다고 생각했는데 유진이는 여러
>   가지 색깔로 수박을 그렸어. 유진이는 파란색이 좋아서 멋쟁이 파랑 수박을 그렸
>   대. 어때?
> 나라: 저는 노란색 수박도 먹어본 적 있어요. 저는 노란색 수박 그려볼래요.
> 찬희: 저는 무지개 수박 2개를 만들어볼래요.
> 한결: 선생님, 그럼 수박에 공주 그려도 돼요?
> 유아들은 자신만의 다양한 수박을 만들어냈다.

❶ 깔때기 종이컵을 납작하게 눌러 수박 모양처럼 접는다.

❷ 나만의 디자인으로 수박을 표현해본다.

✏️ **놀이를 통해 경험한 교육과정 관련 요소**
- 예술 경험 – 창의적으로 표현하기

22

수박 볼링을 해요

🍎 유아가 놀이 자료를 정해요

　자유놀이 시간에 수박 종이컵을 이용해서 수박 종이비행기, 수박 볼링, 수박 나무, 수박 부채 만들기 등의 놀이가 이루어졌다. 평가 시간에 자신이 했던 놀이를 소개해보고, 친구들과 함께할 놀이를 정해보았다. 친구들과 이야기 결과 볼링을 하고 싶은 유아가 많았다. 볼링을 할 때 공 외에도 무엇으로 수박 핀을 쓰러뜨릴 수 있을지 고민하며 유아들이 스스로 선택 및 탐구를 해볼 수 있도록 했다.

🍎 준비물

깔때기 종이컵으로 만든 수박, 자동차, 동그라미 블록, 인형, 탱탱볼, 볼풀공, 다양한 종류의 공

수박 종이컵을 이용해서 할 수 있는 놀이를 생각해보았다.

유진: 수박을 이렇게 세워놓고 공을 굴려서 볼링 해요.

찬희: 수박을 붙여서 큰 나무를 만들어요.

한결: 수박을 접어서 비행기처럼 날려요.

시온: 수박으로 과일가게 해요.

나라: 수박에 막대 붙여서 아이스크림 팔아요.

교사: 수박으로 할 수 있는 재미있는 놀이가 많이 있네. 이 중에서 어떤 걸 먼저 해볼까?

유아들과 이야기를 해본 결과 볼링을 하고 싶은 유아가 많아서 볼링을 먼저 하고, 나머지 활동은 다음 시간에 하기로 했다.

교사: 수박을 세워놓고 볼링을 해보자. 그럼 무엇을 이용해서 수박 종이컵을 쓰러뜨릴까?

한결: 공이요. (바깥 놀이할 때 매일 쓰는 탱탱볼을 이야기함)

교사: 그래, 공이랑 또 다른 물건도 생각해볼까? 굴러가서 수박을 쓰러뜨릴 수 있는 물건은 무엇이 있을까?

이야기 나누기 결과 자동차, 네모 블록, 인형, 비치볼, 볼풀공을 사용해보기로 했다.

수박 종이컵을 이용해서 할 수 있는 놀이가 많이 있죠? 교사가 놀이를 꼼꼼하게 계획하기보다는 유아가 만들어낸 놀이를 함께 해주세요! 바로 할 수 있는 놀이도 있고, 준비가 필요한 놀이도 있을 거예요. 상황에 맞게 놀이를 이어가 보세요.

· 자동차는 굴러가서 수박 핀을 많이 쓰러뜨렸다.

· 비치볼은 수박 핀 방향으로 갔지만, 2~3개를 쓰러뜨렸다.

· 인형은 굴러가지 않았다.

· 네모 블록은 힘을 세게 주면 수박 핀이 쓰러졌으나 가다가 멈춰서는 경우가 많았다.

· 볼풀공은 굴리기보다는 던져져 수박 핀 1개만 쓰러뜨렸다.

모든 놀잇감을 사용해본 결과 자동차를 이용한 볼링 놀이가 쉽고 재미있다고 했다.

❶ 출발선에서 자동차를 수박핀 방향으로 굴린다.

❷ 수박 핀이 모두 쓰러지면 '스트라이크'라고 외치고, 남아 있으면 한 번 더 굴릴 기회를 가진다.

❸ 쓰러진 수박 핀의 개수를 세어 점수를 기록한다.

🖊 놀이를 통해 경험한 교육과정 관련 요소

· 신체운동·건강 – 신체활동 즐기기

23

수박을 맞혀라!

🍎 **교사가 제시한 놀이 방법을 유아가 수정했어요**

수박 볼링에서 볼풀공을 사용할 때 작아서 굴리기보다는 던져서 수박 핀을 맞히는 유아가 많았다. 공을 던져서 맞히는 방법에 흥미를 보이는 유아가 많아서 집단 활동으로 계획했다.

🍎 **준비물**

깔때기 종이컵으로 만든 수박, 볼풀공, 교구장

🍎 놀이 방법 1. 팀 게임

❶ 출발선에서 볼풀공을 던져 수박을 맞힌다.

❷ 5개의 볼풀공을 던져 맞힌 개수만큼 구슬을 가져간다.

❸ 구슬을 많이 모은 팀이 승리한다.

> 교사: 수박 맞히기 놀이를 해보니 어땠어?
>
> 찬희: 재미있어요. 또 하고 싶어요.
>
> 유진: 볼풀공을 많이 던지고 싶어요.
>
> 교사: 그럼 이번에는 어떻게 놀이해볼까?
>
> 나라: 여러 명이 나와서 한꺼번에 많이 던져요.

🍎 놀이 방법 2. 협력게임

❶ 시작 신호에 맞춰 모든 유아가 볼풀공으로 수박을 맞힌다.

❷ 1분 안에 수박을 모두 쓰러뜨리면 우리 반 모두가 승리한다.

대집단 활동이 끝난 후 자유선택활동 시간에도 수박 맞히기 놀이가 이어졌다. 찬희가 계속 수박을 향해 볼풀공을 던졌지만, 맞히지 못하고 수박을 넘어 떨어졌다.

"선생님, 저랑 수박 넘기기 게임 해요. 여기 바구니에다가 공을 넣어야 해요. 수박을 맞히면 안 돼요."

찬희는 수박 맞히기가 잘되지 않자 다른 놀이를 만들었다. 교구장 위에 있는 수박은 건드리지 않고 뒤쪽에 있는 바구니에 공을 넣는 놀이이다.

어른의 눈에는 수박을 맞혀야만 성공한 놀이라고 생각할지도 모른다. 하지만 유아들은 수박을 맞히는 것보다 뒤로 넘어가는 공놀이 자체를 즐기고 있는 것일 수도 있고 새로운 놀이를 만들어가는 과정일 수도 있다. 그러므로 잘하지 못한다고 바로 도움을 주기보다는 관찰을 통해 유아의 놀이를 유심히 살펴보면서 적절하게 지원해야 한다.

✏️ 놀이를 통해 경험한 교육과정 관련 요소
- 신체운동·건강 – 신체활동 즐기기
- 사회관계 – 더불어 생활하기

24

하모니카 수박을 먹어요

🍎 **유아의 생각대로 수박을 잘라요**

　유아가 수박으로 할 수 있는 놀이를 생각하던 중 수박 빨리 먹기를 하자고 했다. 교사는 수박을 먹기 전 준비한 수박파티 동요를 같이 불러보았다. 수박파티 동요를 부르다가 유아가 "선생님, 우리도 수박으로 하모니카 불어요"라고 말했다. 하모니카를 본 적은 없지만, 수박을 잡은 손을 입 가까이에 가져가더니 "이렇게 왔다 갔다 하면서 수박하모니카 불면 되잖아요. 쭉쭉 쭉쭉쭉~"라고 이야기했다.

🍎 준비물

수박, 칼, 접시

🍎 놀이 방법

❶ '수박파티' 동요를 부른다.

❷ 수박을 잘라본다.

> 교사: 하모니카처럼 불려면 수박을 어떻게 잘라야 할까?
>
> 상석: 크게 잘라주세요.
>
> 나라: 수박이 길어야 하모니카처럼 될 거 같아요.
>
> 유진: 옆으로 쭉쭉 가야 하니까 세로로 자르면 안 돼요.
>
> 교사가 수박을 반으로 가른 후 반 통의 중간을 더 잘랐다.
>
> 교사: 수박을 2번 자르니까 이렇게 옆면이 반달 모양이 되었어. 하모니카를 만들려면 어떻게 자를까?
>
> 다예: 옆으로 길게 잘라주세요.
>
> 교사는 유아의 요구에 맞춰 반원 모양으로 수박을 잘랐다.

❸ 하모니카 수박을 먹는다.

4명씩 수박 빨리 먹기 시합을 했다. 양 볼에 수박 물이 묻어도 상관없이 수박을 한 입 한 입 열심히 먹었다. 제일 빨리 먹은 민규는 반원 모양의 수박껍질을 활처럼 잡고 빙고를 외쳤다. 아이들은 수박씨를 마음대로 뱉을 수 있어서 재미있어했지만, 수박 때문에 배가 불러서 밥을 못 먹겠다고 했다. 그리고 수박 물이 떨어져 티셔츠가 젖은 유아가 많았다. 놀이 후에 교실에서 수박파티의 노래를 수박 물이 떨어지는 느낌으로 '쭉쭉 쭉쭉쭉 줄줄 줄줄줄'로 바꿔서 부르기도 했다.

하모니카 수박 먹기 놀이를 재미있어했지만, 유아와 함께 자른 수박이 유아들에게는 너무 커서 크기 조절이 필요한 것 같고, 수박 물이 티셔츠에 묻어 정리가 어려웠다. 다음에는 물놀이를 하기 전에 젖어도 되는 옷을 입고 수박 먹기를 하면 좋겠다는 생각이 들었다.

놀이를 하며 느꼈던 점을 꼭 기록해두세요! 내년에 활동을 계획할 때 도움이 될 거예요.

✏️ 놀이를 통해 경험한 교육과정 관련 요소

· 예술 경험 – 창의적으로 표현하기   · 의사소통 – 듣기와 말하기

25

수박 핀을 많이 쓰러뜨리는 공은?

🍎 **교사의 고민에 귀 기울여 보세요**

수박 볼링 중에 유아들과 이야기를 나누다가 발견하게 된 놀이로 수박 핀을 많이 쓰러뜨리는 공을 찾아보는 활동이다. 개별 활동으로 진행되어 유아들이 여러 가지 공으로 수박 핀을 쓰러뜨리는 탐구 활동이 이루어졌다. 이 활동은 수업자가 질문에 답변하는 형태를 통해 놀이의 과정과 교사의 의도, 놀이중심 교육과정에 대한 고민에 대해 이야기를 하고자 한다.

🍎 **준비물**

다양한 종류의 공, 수박 핀

🍎 **수업자의 이야기**

※ 좋은교사 수업코칭 연구소의 연수에서 나온 수업나눔 질문을 바탕으로 하였습니다.

\<수업 전 질문\>

Q. 이번 수업은 어떤 의도를 가지고 계획하셨나요?

A. 수박 볼링을 하다가 유아들과 함께 발견하게 된 놀이입니다. 비치볼은 수박 핀 방향으로 잘 굴러갔지만, 2개밖에 쓰러뜨리지 못했습니다. 아이들에게 물으니 힘이 약해서, 가벼워서라는 대답이 나왔습니다. 그리고 한 아이가 축구공으로 하면 더 잘 될 것 같다고 말했습니다. 그래서 다음번에 여러 가지 공을 이용한 수박 볼링을 해보기로 했습니다. 이 활동을 성찰해본 결과 대집단 활동보다는 탐구할 기회가 많은 개별 활동이 적합하다고 판단했습니다. 그리고 유아가 여러 가지 공으로 활발한 탐구활동을 통해 주도성과 즐거움을 느끼기를 바랍니다. 또한 자기들만의 방식으로 볼링을 하면서 힘의 세기, 거리 조절, 공의 크기 등에 따라 달라지는 것을 경험하길 바랍니다.

Q. 개별 활동을 하면 여러 번 볼링을 할 수 있게 되어 아이들이 더욱 좋아할 것 같네요. 그럼 이번에 수업을 하는 학급에 대해 알려주세요.

A. 만 3세 2명, 만 4세 3명, 만 5세 7명, 총 12명 혼합연령 반입니다. 만 3세 준열이는 자기가 하고 싶은 놀이에는 참여하지만, 흥미가 없으면 돌아다니거나 집중을 하지 않습니다. 그리고 만 3세 서준이의 놀이를 방해하는 행동을 많이 합니다.

Q. 이번 수업의 과정을 간략하게 소개해주시겠어요?

A. 강당 중앙에 여러 가지 공을 배치합니다. 유아는 원하는 공을 선택하여 수박 볼링을 합니다. 활동을 한 후 대집단으로 모여 개별 탐구활동에 대해 이야기를 나눕니다.

Q. 이 수업과 관련하여 평소에 했던 고민은 무엇인가요?

A. 개별 활동을 하면 유아가 주도하여 탐구하는 놀이가 활발히 이루어질 거라는 생각이 들었습니다. 하지만 한편으로는 교사가 개입하지 않는데, 수박 핀을 많이 쓰러뜨리는 공을 찾을 수 있을까? 이 놀이에 흥미를 보이지 않는 유아는 어떻게 해야 할까? 다른 놀이를 하면 그 놀이를 허용해주어야 할까 아니면 볼링을 하도록 제안해야 할까? 만약에 다른 놀이를 허용해주면 활동에 잘 참여하던 유아도 같이 흘러가 버리지 않을까? 등 여러 가지 고민을 했습니다. 많은 고민 끝에 내린 결론은 놀이중심 교육과정의 방향에 맞게 유아의 놀이를 인정해주자는 것이었습니다. 수박 핀을 많이 쓰러뜨리는 공이 무엇인지 찾는 결과적 목표만을 달성하려고 하지 말고 유아가 즐겁게 수박 볼링을 하는 것에 중점을 두자고 생각했습니다.

Q. 개별 활동에 익숙하지 않아서 더 많이 고민하셨군요. 그럼 이번 수업 나눔을 통해서 해결되었으면 하는 부분은 무엇인가요?

A. 수박 핀을 많이 쓰러뜨리는 공을 찾는 활동을 하다가 다른 놀이로 바뀔 경우, 이전 활동에 대한 끝맺음, 평가를 해야 할지 아니면 새로운 놀이에 대해 이야기해야 할 것인지 고민됩니다.

\<수업 후 질문\>

Q. 이 수업에서 선생님의 의도와 일치했던 장면은 어떤 장면이었나요?

A. 제가 생각했던 것보다 훨씬 활발한 탐구활동이 이루어졌습니다. 한 아이는 팔을 한 바퀴 돌려서 공을 던지고, 그다음에는 두 바퀴, 세 바퀴 돌렸습니다. 아이에게 물으니 팔을 많이 돌릴수록 힘이 세진다고 했습니다. 아이는 팔을 돌리면서 힘의 세기를 경험한 것 같았습니다. 그리고 여러 가지 공으로 볼링을 하는 모습도 관찰이 되었고, 힘을 증폭시키기 위해 발로 공을 차는 유아도 있었습니다. 짐볼은 두 명이 함께 힘을 모아 굴렸고, 수박 핀에서 멀어져서 굴려보기도 했습니다. 개별 활동이었지만, 자연스럽게 친구와 볼링 게임을 하는 유아도 있었습니다. 그리고 한 쪽에서는 공을 위에서 떨어뜨려 수박 핀을 찍는 놀이, 볼풀공을 던져 수박 핀

맞히기 놀이를 하는 유아도 있었습니다.

Q. 다양한 탐구활동이 이루어졌던 것 같습니다. 이러한 탐구 장면에서 선생님의 마음은 어떠셨나요?

A. '놀이중심 교육과정에 대해서 잘 몰랐다면, 수박 핀을 많이 쓰러뜨리는 공을 찾는 놀이만 하고 끝나지 않았을까?' 라는 생각이 들었습니다. 유아가 만들어낸 놀이의 장면은 만나지 못했을 것 같습니다. '정말 놀이만 하는데, 아이들이 배울 수 있을까?' 의문이 들었는데 점차 답을 찾아가고 있다는 느낌이 듭니다. 하지만 한편으로 아이들에게 스스로 놀이를 선택하고 주도성을 주는 것이 생각보다 쉽지 않다는 것도 알게 되었습니다.

Q. 쉽지 않지만 놀이중심 교육과정에 대해 해답을 찾아가고 계신 선생님을 응원합니다. 수업을 다 하고 난 후에 선생님은 어떤 부분을 바꿔보고 싶으신가요? 선생님의 도전에 대

해 듣고 싶습니다.

A. 수박 핀을 많이 쓰러뜨리는 공을 찾아보는 놀이는 유아의 놀이에서 발견하게 되었다고 소개했습니다. 하지만 활동을 다 마친 후 생각해보니 '아이들은 수박 핀을 많이 쓰러뜨리는 공을 찾기보다는 여러 가지 공을 이용해 단순히 볼링을 하고 싶었던 것은 아니었을까?' 하는 생각이 들었습니다. 놀이 과정에서 다양한 탐구 활동과 새로운 놀이가 나타나기는 했지만, 교사가 활동의 방향을 정한 것은 아니었을까? 유아가 놀이를 주도하는 활동과 교사가 교육적 의도를 더한 활동, 이 둘 중에서 어떤 선택을 해야 하는지에 대한 고민이 깊어지는 것 같았습니다.

그리고 이러한 고민은 제 성향과 연관이 있는 것 같습니다. 저는 새로운 놀이를 개발하여 유아가 즐겁게 참여하는 모습에서 보람을 느끼는 편입니다. 놀이중심 교육과정에 대해 잘 몰랐을 때는 교사 주도형 놀이를 지양하라는 줄 알고 오해한 적도 있었습니다. 하지만 놀이중심 교육과정에 대한 연구가 깊어질수록 한 번도 고민해보지 못한 부분까지 다시 유아 중심, 놀이 중심으로 생각하게 만든다는 것을 알았습니다. 수박과 관련된 활동 사례만 보더라도 제가 계획했던 부분이 놀이 중심 교육과정을 거치면서 새롭게 만들어지는 놀이도 있었고, 놀이 방법에 변화가 된 부분이 많았습니다. 여전히 유아 주도적 놀이와 교사의 의도 사이에서 고민하지만, 이런 고민 하나하나가 모여서 나만의 놀이중심 교육과정을 만들 수 있을 것이라고 믿습니다. 그래서 교사 주도형 활동이더라도 유아 중심으로 다시 생각해보고, 유아가 만든 놀이처럼 즐겁게 활동할 수 있는 방법은 무엇인지에 대해 끊임없이 고민해볼 것입니다. 나아가 유아보다 내가 한발 앞서 무엇을 가르치려고 하기보다 유아의 놀이 그 자체를 기다려주며 인정해주는 노력도 필요하겠다는 생각이 듭니다.

✏️ **놀이를 통해 경험한 교육과정 관련 요소**
- 신체운동·건강 – 신체활동 즐기기
- 자연탐구 – 탐구과정 즐기기

5장

. . .

유아 주도적
놀이에
배움을 더해요

01

버찌 좀비로 변신해요

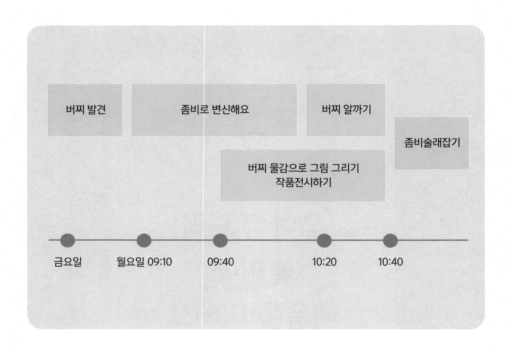

🎵 **우연히 발견한 유아의 흥미가 놀이가 되었어요**

체험학습을 가기 위해 벚나무 아래서 통학버스를 기다리며 잠시 시간을 보냈다. 갑자기 유아들이 얼굴에 보라색으로 그림을 그리고 나타나 '좀비'라고 말했다. 그러면서 "선생님, 우리 버찌로 좀비 만들고 놀아요"라고 했다. 많은 유아가 버찌 놀이를 하고 싶다고 하여 월요일에 놀이를 하게 되었다.

♬ 준비물

벗나무 아래 떨어진 버찌 열매, 다양한 종류의 종이

♬ 놀이 과정

❶ 벗나무로 이동하며 노래를 불렀다.

'버찌 찾으러 간단다. 버찌 찾으러 간단다. 우린 하나도 무섭지 않아~ ♬'

❷ 버찌 열매를 이용해 얼굴과 손, 발에 그림을 그린다.

  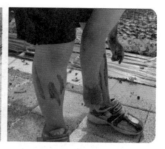

힘찬: (버찌를 손으로 터트리며) 선생님, 이렇게 해봐요. 보라색이 나오죠?

교사: 응. 정말 그러네. 신기하다. 보라색 물감 같네.

힘찬: 탱탱한 버찌를 주워야 해요. 쭈글쭈글 버찌는 말라서 물감이 안 나와요.

도윤: 막대기로 버찌를 콕 찍어서 붓처럼 그릴 수도 있어요. 이렇게 해요. 좀비가 되려면
　　　팔하고 다리에도 다 해야 해요.

버찌 종류에 따라 다른 색이 나올 수 있다는 점과 색이 잘 나오는 버찌가 어떤 버찌인지 스
스로 발견하게 되었다.

❸ 버찌 열매를 이용해 몸에 그림을 그린 유아는 자연스럽게 좀비가 되어 돌아다닌다.

지원: 누가 가장 재미있는 좀비 같아?

유림: 도윤이.

보경: 난 좀비가 무서워. 저리 가줘.

유림: 재미있게 하려면 코에 더 색칠해야지.

도윤: 흐~ (두 손을 들고 소리 내며 돌아다닌다)

하준: 선생님, 누가 제일 재미있는 좀비 같아요?

✱ 좀비 놀이를 하게 해야 할까?

유아들이 버찌를 이용해 온몸에 그림을 그린 후 '좀비'가 되었다며 돌아다니기 시작했다. 친구에게 가서 '흐~' 소리를 내며 놀리기도 하고, 두 팔을 들고, 눈을 반쯤만 뜬 상태로 돌아다니기도 했다. 유아들이 만든 좀비 놀이를 인정해줄지, 아니면 중단시킬지 고민이 되었다. 놀이를 지켜본 결과, 좀비로 변신한 친구의 장난을 무서워하지 않고 즐거워했다. 좀비로 변신한 유아들도 혐오스러운 행동보다는 재미있게 표현하려고 했고, 다른 친구들의 놀이를 방해하지 않았다. 그래서 좀비 놀이를 중단시키지 않고, 유아들의 놀이에 참여하며 지원했다.

유아 주도의 놀이일지라도 놀이가 폭력적이거나 다른 유아가 무서워한다면, 놀이를 중단시키고 우리 반만의 놀이 기준을 정하는 과정이 필요해요

❹ 버찌 열매로 몸에 그림을 그리기 싫어하는 유아는 천천히 버찌를 탐색할 시간을 준다.

✱ 버찌가 몸에 묻는 거 싫어요.

얼굴과 몸에 그림을 그리는 것을 모든 유아가 좋아하지는 않았다. 처음부터 버찌로 그림을 그리기 시작하는 유아가 있는 반면, 버찌를 막대기로 눌러서 터트려보는 탐색을 하거나 한참 동안 지켜본 후에 겨우 손바닥에 그려보는 유아도 있었다. 모든 유아에게 얼굴이나 손, 발에 그림을 그려 좀비가 되어보라고 이야기하지 않았다. 유아마다 놀이에 다가가는 속도가 다르기 때문에 버찌 열매를 충분히 탐색할 시간을 주었고, 교사도 참여하는 모습을 보여주었다. 활동 시간도 정하지 않고, 유아의 흥미에 따라 천천히 놀이 할 수 있도록 배려했다.

✎ 놀이를 통해 경험한 교육과정 관련 요소

• 예술 경험– 창의적으로 표현하기   • 자연탐구– 자연과 더불어 살기

버찌 물감으로
그림을 그려요

🍒 **교사는 놀이를 지원할 만한 자료를 고민해요**

　버찌 놀이를 하자면서 유아가 "선생님, 버찌로 그림도 그려요"라고 말했다. "그림을 어디에 그리고 싶은데?"라고 물으니 "종이에 그려요"라고 했다. 교사는 다양한 종류의 크기와 색상의 종이, 캔버스 액자, 버찌 그림처럼 보이는 동화책 한 권을 준비해서 밖으로 나갔다.

다양한 크기와 색상, 두께의 종이, 캔버스 액자, '세상에서 가장 달콤한 열매' 동화책

🍒 **놀이 과정**

❶ 준비한 자료를 유아 놀이 공간 주변에 놓는다.

❷ 유아는 원하는 종이를 선택해 버찌로 그림을 그린다.

도윤: 오~ 갈색이야.

찬희: 난 보라색.

하준: 난 검은색.

유림: 길게 그려봐. 색이 바뀌어.

찬희: 이것은 뭐야?

유림: 사자. 사자가 먹이를 먹으러 이쪽으로 가는 거야.

버찌로 그림을 그리다 발견한 다양한 색과 자신이 그린 그림에 관한 대화가 이어졌다.

❸ 유아가 그린 작품을 원하는 장소에 전시한다.

버찌 놀이는 시간의 연속 선상에서 여러 가지 놀이가 함께 진행되었다. 버찌를 이용해 얼굴이나 손에 그림을 그리다가 원하는 종이를 선택해 그림을 그렸다. 버찌 열매를 손으로 터뜨려서 그림을 그리기도 하고, 붓처럼 나무막대기 끝에 버찌 열매를 붙여 그림을 그리기도 했다. 의미 있는 형태를 그리는 유아도 있었지만, 버찌 열매에서 나오는 색이 신기한 듯 그냥 문지르며 노는 유아도 있었다. 그림을 다 그린 유아가 오더니, 놀이 공간에 자신의 그림을 전시하고 싶다고 했다.

유림: 선생님, 이거 전시해도 되요?

교사: 응. 얼마든지. 어디에 전시하고 싶은데?

유림: (유아의 놀이 공간 주변 수풀 사이를 가리키며) 여기에 전시하고 싶어요.

교사: 그래. 왜 이곳에 전시하고 싶은데?

유림: 친구들 보게요.

교사: 좋아. 잘 전시해봐. 도움이 필요하면 이야기해줘.

❹ 유아를 한 장소에 모이게 한다.

❺ 동화책 '세상에서 가장 달콤한 열매'를 소개하며 그림을 보여준다.

> 지유: (교사가 책을 들자) 선생님, 이거 버찌로 그린 것과 비슷해요.
>
> 교사: 그래? 왜 그렇게 생각했어?
>
> 지율: 색깔이 우리가 아까 그린 것과 비슷해요.
>
> 교사: 이건 무엇을 그린 것 같니?
>
> 교사는 준비한 동화책의 그림과 유아의 그림을 연결시켜 발문하며 유아가 관심을 갖기를 바랐다. 그러나 유아는 동화책 속 그림에는 큰 관심이 없었다. 여러 번 더 유아의 관심을 끌어보고자 발문했지만, 몸을 움직이며 지루해했다. 이러한 모습에 동화책 속 버찌 그림을 보여주는 것으로 활동을 마무리했다.

❻ 전시해놓은 버찌 그림을 교실에 전시하거나 집으로 가져간다.

> 버찌 놀이가 마무리될 쯤에 교실로 들어가려고 할 때였다.
>
> 유림: 버찌 그림 가져갈래요.
>
> 교사: 아까 전시해놓은 것?

유림: 네. 이제 가져갈래요. 날아가서 잃어버릴 것 같아요.

교사: 그래. 교실로 가져가고 싶니? 집으로 가져가고 싶니?

유림: 교실에 붙여주세요.

지원: 난 집에 가져갈래요.

유아들은 자신의 작품에 의미를 부여하고, 소중히 여긴다는 것을 알 수 있었다. 유아의 의견대로 교실로 가지고 들어와서 환경판에 게시해주고, 집에 가져가고 싶은 유아는 집으로 가져갈 수 있게 했다.

✎ 놀이를 통해 경험한 교육과정 관련 요소

• 예술 경험 – 창의적으로 표현하기, 예술 감상하기   • 자연탐구 – 자연과 더불어 살기

버찌 알까기

🎵 **친구가 놀이를 이끌어요**

버찌 놀이 속 유아 주도의 새로운 놀이가 시작되었다. 놀이를 잘 이끌어가는 하준이는 가장 큰 종이를 들고 버찌 나무 아래로 이동했다. 그러더니 친구들에게 "버찌 알까기 놀이 할 사람 이리 모여라"라고 했다. 몇 명의 친구가 모이자 버찌를 이용해 자신이 만든 놀이를 소개했다.

🍒 **준비물**

유아가 버찌로 그린 그림, 버찌 10개

🍒 **놀이 과정**

❶ 그림을 돌로 고정한 후, 나뭇가지로 출발선을 표시한다.

❷ 함께 놀이하고 싶은 친구들은 버찌를 10개씩 모아 출발선으로 모인다.

❸ 신호에 따라 그림 속 동그라미에 버찌를 던진다.

"하나, 둘, 셋 하면 던져. '하나, 둘 셋!'"

처음에는 놀이를 제안한 친구의 설명에 따라 알까기 방법으로 버찌를 그림 속 동그라미까지 넣어보았다. 그러나 생각처럼 버찌가 멀리 가지 않자 자신들의 방법으로 던져보거나 출발선보다 앞에 나가 버찌를 튕겨보기도 했다. 그 과정에서 놀이를 제안한 친구와 의견 다툼이 생겼고, 기분이 상한 유아들은 다른 놀이를 하기 위해 가버렸다.

유아가 만든 놀이는 교사의 지원으로 집단 놀이가 될 수도 있으나 이렇게 순식간에 만들어졌다 사라지기도 한다. 이러한 과정은 놀이중심 교육과정을 운영하는 동안에 여러 번 나타났고 그때마다 고민이 되었다. '이럴 때는 어떻게 해야 할까?', '아이들의 놀이를 내가 다시 계획해서 알려줄까?', '이렇게 순식간에 사라졌다고 아이들에게 의미가 없을까?', '이 놀이에 교육적 의미를 어떻게 찾아줄까?' 등 많은 생각을 하게 되었다. 이렇듯 놀이 과정 속에서 매번 고민하게 만드는 것이 놀이중심 교육과정이 아닐까 생각한다.

유아는 친구들과 놀다가도 갑자기 새로운 놀이를 찾아가기도 해요. 그래서 종종 놀이가 갑자기 사라져 버리기도 하고 순식간에 일어나기도 해요. 그렇지만 이것들은 모두 유아들에게 가치가 있는 놀이 과정 중의 하나이며 배움의 과정이에요.

✏️ 놀이를 통해 경험한 교육과정 관련 요소
- 자연탐구 – 생활 속에서 탐구하기
- 사회관계 – 더불어 생활하기

버찌 좀비 술래잡기

🎵 유아가 만들어가는 놀이예요

　버찌로 좀비 분장을 하고 돌아다니던 유아가 친구들을 쫓아다니다가 갑자기 술래잡기를 하자고 제안했다. 얼굴에 그림을 그린 친구가 좀비이고, 다른 친구들은 도망가면 된다고 했다. 도망가다가 힘들면 '얼음' 하고 앉으면 잡을 수 없다고도 알려주었다. 유아의 의견대로 놀이가 진행되었고, 진행되는 과정에서 유아 주도로 놀이에 대한 수정이 몇 차례 있었다.

❶ 사람과 좀비로 역할을 나눈다.

• 역할을 정하는 방법은 유아가 결정할 수 있다.(예: 가위바위보, 희망 유아 등)

❷ 술래(좀비)는 놀이 시작을 알리고, 사람은 열 발을 뛰어 도망간다.

❸ 친구들을 잡기 어려워지자 유아는 놀이 공간의 범위를 의논하여 결정했다.

> 도윤: 선생님, 땅을 정해요.
>
> 교사: 무슨 땅?
>
> 도윤: 사람들이 너무 멀리 가버리니깐 못 잡아요. 너무 힘들어요.
>
> 교사: 그래. 다른 친구들의 생각은 어떠니?
>
> 유아: 좋아요.
>
> 교사: 그럼, 어디까지 땅으로 정하면 좋을까?
>
> 지원: (멀리 달려가더니) 애들아, 우리 여기까지 하면 어떨까?
>
> 도윤: 좋아, 좋아. 이제 여기 넘으면 탈락이야.

❹ 다시 술래(좀비)가 사람을 잡는 술래잡기 놀이를 한다.

술래(좀비)에게 잡히지 않기 위해 술래가 가까이 오면 '얼음'이라고 말한 후 앉고, 사라지면 일어나서 도망갔다. 그러다 보니 술래가 '얼음' 하고 앉아 있는 유아 옆에 서서 기다리자 다른 유아들은 "지키면 안 돼"라고 하며 의견 다툼이 생겼다.

미소: 야! 지키지 마.

힘찬: 너도 술래 되면 이렇게 해도 돼.

유림: 지키지 마. 도망 못가잖아.

예찬: 지키는 거 없어.

유림: 맞아, 맞아. 지키는 거 하지 말자.

힘찬: (다른 친구들을 잡으러 가며) 알았어.

⑤ 술래(좀비)의 동작을 바꾸며 술래잡기 놀이를 계속한다.

> 술래(좀비): 난 기어 다니는 좀비다. 다시 시작한다.
>
> 유아: 응. 시작해.
>
> 술래(좀비)는 기어 다니며 친구들을 잡을 것이라고 알려주고 놀이는 계속되었다. 기어 다니
> 는 모습이 재미있었는지 다른 친구들도 따라 하기 시작하며 놀이가 조금 변형이 되었다.

✿ **"무서워서 놀이 안 하고 싶어요"**

아연: 선생님, 그만하고 싶어요. 좀비 무서워. 난 안 하고 싶어.

교사: 친구들 잠깐 모여 볼까요. 아연이가 무서워서 놀이를 안 하고 싶다는데, 어떻게 하
　　　면 좋을까요?

지원: 아연아. 이건 술래잡기와 똑같은 거야. 우리 운동장에서 해봤던 얼음 놀이야. 기억
　　　나지?

아연: 그래도 안 하고 싶어. 무서워. 귀신.

교사: 그래. 귀신이 무서웠구나. 놀이를 하지 않아도 괜찮아.

　　　그럼 다른 친구들이 하는 것은 괜찮니?

아연: 네.

교사: 그래. 친구들이 술래잡기를 하는 동안 하고 싶은 것이 있니?

아연: 그냥 여기 앉아 있을래요.

교사: 그래. 친구들이 놀이하는 모습 보다가 다시 놀이하고 싶으면 언제든지 이야기해 줘. 혹시 다른 친구들 중에도 아연이처럼 무서워서 놀이를 그만하고 싶은 친구가 있니?

유림: 아니요.

지원: 나도요. 안 무서워요. 재미있어요.

버찌를 이용해 좀비로 변신할 때는 무서워하지 않았던 아연이가 술래잡기를 하는 좀비는 무섭다며 놀이에 참여하지 않겠다고 했다. 교사는 함께 계속 놀이하기를 강요하지 않고, 유아의 의견을 존중해주었다. 아연이는 다른 친구들이 놀이할 동안 쉴 수 있도록 하며 다시 하고 싶을 때는 언제든지 참여할 수 있다고 알려주었다. 그러나 놀이 하고 있는 공간에만 머물 뿐 끝날 때까지 놀이에는 참여하지 않았다.

✏️ **놀이를 통해 경험한 교육과정 관련 요소**
- 신체운동·건강 - 신체 활동 즐기기
- 사회관계 - 더불어 생활하기

엄마 배 속에서 나는?

🍎 **칼싸움에서 시작된 놀이가 교육적 의미를 가지기까지**

　종이로 만든 칼을 가지고 칼싸움 놀이를 하다가 더 멋진 칼을 만들겠다며 종이를 더 길고 단단하게 붙였다. 칼이었던 것이 로봇 발이 되어 발에 끼고 교실을 돌아다니며 로봇처럼 표현하기도 하고, 망원경이 되어 멀리 내다보기도 했다. 망원경은 청진기가 되어 임신 중인 선생님 배에 대고 소리를 듣기 시작했다. "선생님, 아가가 배고프다고 해요"라고 찬희가 말하니 모두 모여 자신들이 만든 망원경(칼, 청진기)으로 선생님 배 속 소리를 들었다. "아이가 잠이 온다고 하는데요?"

🍎 **준비물**

초음파 영상(유튜브), 조용한 클래식 음악

🍎 **놀이 과정**

> 유아의 칼은 로봇 발에서 망원경이 되었다가 청진기가 되어 선생님 배로 향했고, 선생님 배 속 아가에 대한 궁금증으로 이어졌다. 모든 유아의 흥미가 교사(임산부)의 배 속 아기로 이어지자 "선생님의 배 속 아기 모습을 함께 봐 볼까?"라고 물었고, 유아의 대답에 집단 활동으로 바로 연결했다. 배 속의 느낌을 표현하기 위해 평소보다 낮은 목소리로 조용히 유아와 이야기를 나누었다.

❶ **초음파 영상을 보며 이야기를 나눈다.**

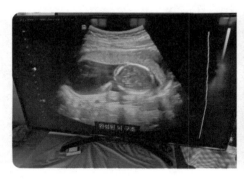

"아까 너희가 소리를 들었던 선생님 배 속 아가 모습이에요. 무엇이 보이나요?"

"아기가 무엇을 하고 있는 것 같나요?"

❷ 유아의 경험에 대해 이야기를 나눈다.

동생이 태어난 지 얼마 안 되었거나 동생이 있는 유아는 초음파 영상을 본 경험에 대해 다른 친구들에게 이야기해주었다. 엄마 배에 무엇을 뿌리고 카메라로 보면 텔레비전에서 아기 모습을 볼 수 있다고 설명했다. 또한 "우리도 엄마 배 속의 아가였다가 이렇게 컸어요"라고 말하는 유아도 있었고, 몇몇 유아는 배 속 아기처럼 누워 자신들의 아기 모습이라며 흉내를 냈다.

❸ 유아의 생각대로 아기집을 만들어본다.

유림: 선생님, 아기는 배 속 아기집에 살아요.

교사: 그래. 엄마 배 속을 아기집이라고 하는구나.

지원: (초음파 영상을 가리키며) 여기가 아기집이에요. 우리도 아기집을 만들어요.

　　(함께 모이는 매트에 누우며) 난 동그란 모양이니 여기로 할래요.

찬희: (의자 아래로 들어가며) 그럼 난 여기.

보경: (줄로 동그라미를 만들며) 나는 줄로 만들래.

교사: 그럼 우리도 아기집을 만들어볼까? 무엇으로 만들면 좋을까?

예찬: (불을 끄며) 우리 불 끄고 해요. 엄마 배 속은 캄캄해요.

❹ 엄마 배 속 아기가 되어 표현해본다.

"아기가 지금 엄마 배 속에서 무엇을 하고 있나요?"

"아기가 배가 고플 때는 어떻게 했을까요?"

"아기가 졸릴 때는 어떻게 했을까요?"

하준: (줄로 아기집을 만든 친구에게 가더니 줄을 들고) 선생님, 이거 탯줄이에요.

교사: 탯줄?

하준: 네. 이건 엄마와 아기랑 연결해주는 거예요. 엄마가 음식을 먹으면 여기로 아가한
테 가요. 아가 낳을 때 아빠가 자르는데, 집에 와서 소독을 매일매일 해줘야 해요.
소독을 해주면 며칠 지나고 떨어져요. 그럼 그게 배꼽이 돼요.

모든 유아가 하준이의 이야기에 집중했다.

교사: 그렇구나. 그래서 우리도 모두 배꼽이 있구나. 하준이는 어떻게 알았어?

하준: 우리 동생 준희가 하는 것 봤어요.

교사가 생각지도 않았던 '탯줄' 이야기를 태어난 지 50일 정도 된 동생이 있는 하준이가 해 주었다. 처음 듣는 이야기에 다른 유아들도 하준이의 이야기를 집중해서 들었다. 하준이는 동생을 통해 알게 된 정보를 자세히 이야기해주어 친구들은 새로운 것을 알게 되었다.

❺ 우리 모두는 엄마, 아빠의 사랑으로 자란 소중한 사람임을 이야기해주며 마무리한다.

"아기가 되어보니 어떤 생각이 들었나요?"

"새롭게 알게 되거나 신기한 것이 있었나요?"

✏️ 놀이를 통해 경험한 교육과정 관련 요소

• 예술 경험 – 창의적으로 표현하기   • 사회관계 – 나를 알고 존중하기

• 자연탐구 – 자연과 더불어 살기

06

공벌레와 놀아요

🍒 **"선생님, 유치원 앞에 공벌레가 많아요"**

　유치원에서 쉽게 볼 수 있는 공벌레는 만지면 공 모양으로 변하는 특징이 있어 대부분의 유아가 친숙하게 만지고, 좋아하는 벌레 중의 하나이다. 매일 공벌레를 잡아 오는 유아들을 보며 '공벌레'를 주제로 정하고 하고 싶은 놀이에 대한 유아들의 의견을 모아 한 주간의 활동으로 계획하여 운영했다.

🍒 준비물

채집통, 소시지, 당근, 과자 등

🍒 놀이 1일: 공벌레로 하고 싶은 놀이 정하기

❶ 유아가 '공벌레'에 대해 알고 싶은 것이나 하고 싶은 놀이에 대해 이야기를 나눈다.

"공벌레로 어떤 놀이를 할 수 있을까요?"

"공벌레는 어떤 먹이를 먹을까요?"

"공벌레 모양을 좀 더 자세히 보기 위해서 필요한 것이 있나요?"

❷ 교사는 유아가 말한 '공벌레' 놀이를 위해 필요한 자료를 준비한다.

공벌레 놀이를 위해서는 채집통과 소시지, 당근, 과자, 돋보기(루페)가 필요했다. 교사는 다음 날 유아의 놀이를 지원하기 위해 소시지, 당근, 과자를 구입하고, 채집통과 돋보기(루페)를 준비했다. 또한 다른 주제로 제시되어 있던 주간교육계획안을 수정했다.

🍒 놀이 2일: 공벌레와 놀아요

❶ 채집통에 공벌레를 위한 집을 만들어주었다.

❷ 유치원 놀이터에서 공벌레를 찾아 채집통에 담았다.

찬민: 어! 공벌레 여기 있다. 찾았어요.

찬회: 어디 있어? 어디?

찬민: 돌 아래서 찾았어. 너희도 봐봐.

민회: 나도 찾았어. 여기 봐봐. 젖은 땅을 좋아해.

유지: 진짜다. 나도 찾았어.

찬회: 오! 여기 있다. 봐봐. 벽에 붙어서 가고 있어.

유아들은 공벌레를 찾은 곳을 친구들에게 이야기해주었다. 유아의 대화를 통해 유치원에 공벌레는 돌 아래, 젖은 땅, 이끼가 있는 벽에 있다는 것을 알게 되었다.

❸ 루페를 이용해 공벌레를 관찰했다.

❹ 공벌레를 찾던 중 문제 상황이 발생하여 함께 모여 이야기를 나누었다.

✿ "공벌레 대신 개미를 채집통에 넣어요!"

민기: 야! 개미를 넣으면 어떻게 해? 공벌레를 공격하면 어떻게 할 거야?

예찬: 괜찮아. 땅에서도 같이 살잖아.

소라: 아니야. 여기는 공벌레 집이야.

유림: 당장 빼. 선생님, 예찬이가 공벌레 집에 개미를 넣었어요.

공벌레를 담아놓은 채집통에 개미를 넣은 예찬이 때문에 친구들이 화가 났다. 교사는 공벌레 찾는 것을 중단시키고 모이도록 했다.

교사: 예찬이가 채집통에 개미를 넣어서 친구들이 화가 났는데, 어떻게 하면 좋을까?

지원: 다 꺼내요. 여긴 우리가 공벌레 집으로 정했잖아요.

유림: 맞아요. 공벌레 집이에요.

교사: 다른 친구들의 생각은 어떠니?

민기: 개미를 다 빼야 해요. 공벌레를 괴롭힐 것 같아요.

교사: 그래. 그럼 이번에는 예찬이 생각도 들어보자. 예찬아. 왜 개미를 넣었어?

예찬: 공벌레가 심심할까 봐 같이 놀라고 넣어 줬어요.

교사: 그런 생각이 있었구나. 예찬이는 공벌레가 심심할까 봐 친구를 만들어주려고 개미를 넣었다는데, 어떻게 했으면 좋겠니?

민기: 그래도 빼면 좋겠어요. 우린 공벌레를 관찰하고 밥도 주기로 했잖아요.

지원, 유림, 율: 맞아요. 공벌레만 있으면 좋겠어요.

교사: 예찬아, 친구들은 채집통에서 개미를 빼길 원하는데, 네 생각은 어때?

예찬: 개미를 꺼낼게요.

교사는 한 쪽 유아의 의견만 듣는 것이 아니라 원인을 제공한 유아에게도 어떠한 이유로 그러한 행동을 하게 되었는지 들어봐야 한다. 예찬이가 놀이를 방해했지만 공벌레 친구를 만들어주고 싶은 좋은 의도였다는 것을 묻지 않았다면 알지 못했을 것이다.

❺ 채집통을 교실로 옮겨 사전에 계획했던 먹이(소시지, 당근, 과자)를 넣어주었다.

❻ 공벌레를 관찰한 것을 토대로 공벌레의 움직임을 몸으로 표현해본다.

"공벌레를 손으로 만지면 어떻게 되나요?"

"공벌레가 어떻게 움직였나요?"

❼ 공벌레 놀이에 대해 평가한다.

"공벌레를 관찰하면서 재미있었던 것이 있나요?"

"더 필요한 것이 있나요?"

> 공벌레를 담은 채집통이 너무 작아서 공벌레가 힘들 것 같다며 더 큰 집이 필요하다고 했
> 다. 다행히 집에 장수풍뎅이를 키우던 채집통이 있다며 지원이가 내일 가져오기로 했다.

🎵 놀이 3일: 공벌레의 죽음

❶ 채집통에서 죽은 공벌레를 발견했다.

> 소라: 선생님, 냄새가 지독해요.
>
> 유림: 웩~~ 아, 냄새. 애들아, 냄새 맡아봐.
>
> 민기: 왜 그래? 아 냄새나. 근데 공벌레가 안 움직이는데?
>
> 예찬: 죽었어? 공벌레 죽은 것 같은데.
>
> 힘찬: 공벌레 다 죽었다. 냄새 때문에 죽었나?
>
> 하준: 윽, 토할 것 같아요.
>
> 아침에 오자마자 유아들은 채집통을 찾았으나 지독한 냄새와 함께 죽어 있는 공벌레를 발
> 견했다.

❷ 공벌레가 죽은 이유에 대해 함께 이야기를 나눈다.

교사: 왜 공벌레가 죽었을까?

민기: 숨을 못 쉬어서 죽은 것 아니에요? 우리가 교실 창문 다 닫고 갔잖아요.

교사: 그랬을까? 다른 친구 생각은 어떠니?

보경: 물을 못 먹어서 죽은 것 같아요. 어제 물 안 줬거든요.

예찬: 맞아요. 우리도 물 못 먹으면 죽잖아요.

힘찬: 집이 좁아서 죽은 것 같아요. 지원이가 가져온 큰 집으로 이사시켜서 잘 살 수 있게
해줘요.

찬희: 냄새 때문에 죽은 것 같아요. 지독한 냄새가 나잖아요.

교사: 그래. 너희들 생각대로 물을 못 먹어서, 숨을 못 쉬어서, 집이 좁아서 죽었을 수도
있겠다. 선생님도 아직은 이유를 잘 모르겠어. 함께 더 고민해보기로 하고 힘찬이
말대로 먼저 이사를 시켜줄까?

❸ 죽지 않은 공벌레를 찾아 큰 집으로 옮겨준다.

지독한 냄새 때문에 유아들은 손으로 만지려 하지 않고 첫째 날 개미와 마찬가지로 나뭇가
지를 이용해 살아있는 공벌레를 옮겼다. 유아들은 죽은 공벌레를 불쌍히 여기며 나머지 살
아 있는 공벌레를 잘 보살펴주겠다고 했다.

예찬: 공벌레가 불쌍해요.

교사: 그렇지? 남아있는 공벌레는 잘 키워보자.

힘찬: 네. 죽지 않게 잘 보살펴 줄게요.

민기: 미안해. 공벌레야.

❹ 공벌레 먹이로 풀을 넣어준다.

❺ 놀이를 평가하며 공벌레가 죽은 이유에 대해 유아들에게 알려준다.

동료 교사와 함께 공벌레가 죽은 이유에 대해 검색해보니 먹이로 넣어준 과자 때문이라는 것을 알게 되었다.

교사: 선생님이 사랑반 선생님과 계속 공벌레가 왜 죽었는지 찾아보았어. 그런데 우리가 어제 과자를 먹이로 주고, 젖은 땅을 만들어야 한다며 물을 뿌려주었잖아. 기억나지? 물과 과자가 섞이면서 과자가 녹았고, 거기에서 이상한 냄새가 났나 봐. 그래서 그 냄새 때문에 공벌레가 숨을 쉴 수 없어서 죽게 된 것 같아.

보경: 내가 좋아하니까 공벌레도 좋아할 줄 알았는데…. 공벌레에게 미안해요.

하준: 공벌레야 미안해.

찬희: 과자는 우리 몸에도 안 좋아요. 그래서 나는 많이 안 먹어요.

교사: 응. 우리가 미안해한다는 것을 공벌레도 잘 알 거야. 다음부터 동물들에게 먹이를 줄 때는 무엇을 좋아하는지 먼저 알아본 다음에 주면 어떨까?

하준: 좋아요. 이제 잘 키워줄래요.

♪ **놀이 4일: 공벌레 놀이 쉬는 날**

❶ 비가 와서 채집통만 잠시 관찰하고, 자유롭게 다른 놀이를 했다.

♪ **놀이 5일: 주말 동안 공벌레를 누가 돌봐주지?**

❶ 옆 반과 함께 밖으로 나가 공벌레를 찾아 관찰하며 놀이했다.

❷ 주말 동안 공벌레를 어떻게 할지 이야기를 나눈다.

교사: 내일과 모레는 유치원에 오지 않는 날이야. 세 밤 자고 유치원에 오는데 공벌레는
      어떻게 하면 좋을까?

지유: 내가 채집통을 가져왔으니 내가 가져가고 싶어요.

아연: 내가 가져가고 싶어요. (울먹이며) 고양이를 키웠는데 며칠 전 고양이가 죽어 묻어주
      었어요. 엄마도 왜 죽은지 모른대요. 잘 돌봐주지 못해 너무 슬펐어요. 그래서 내가

공벌레를 가져가서 잘 돌봐주고 싶어요. 고양이를 잘 못 돌봐주었으니까요.

예찬: 나도 가져가고 싶은데. 동생 보여주고 싶어요.

지원: 나는 동생이 없고 나 혼자니깐 내가 돌봐주고 싶어요.

교사: 4명의 친구가 가져가고 싶어 하는데, 누가 가져갈지 어떻게 정하면 좋을까?

힘찬: 아연이가 가져가요. 고양이가 죽어서 슬퍼했는데 공벌레 가져가서 잘 돌보면 기분
이 좋아질 수 있잖아요.

교사: 다른 친구들 생각은 어떠니?

찬희: 손들어봐요. 제일 많은 사람이 가져가면 되잖아요.

교사: 찬희 말 대로 해볼까? 지유, 아연, 예찬, 지원아 그렇게 결정해도 되겠니?

지유, 아연, 예찬, 지원: 좋아요.

교사: 지유(아연, 예찬, 지원)가 가져가면 좋겠다는 사람 손들어볼까? 아연이가 가져가면 좋
겠다는 친구가 제일 많은데, (지유, 예찬, 지원이를 바라보며) 아연이가 가져가도 되겠니?

지유, 예찬, 지원: 네.

교사: 아연이가 토, 일요일 동안 공벌레를 가져가기로 했는데 부탁하고 싶은 것이 있니?

힘찬: 절대로 죽이면 안 되고, 밥 잘 챙겨줘.

지원: 많이 놀아줘. 월요일에 꼭 가져와야 해.

찬희: 이제 고양이 생각하며 울지 말고, 공벌레 잘 키워가지고 와.

아연: 알았어. 고마워.

공벌레 놀이를 통해 전혀 몰랐던 친구의 아픔을 알게 되었고, 그런 친구를 위로하면서 의사
결정의 주도권을 가지고 참여하는 유아들의 모습을 발견할 수 있었다.

❸ 5일 동안 진행한 공벌레 놀이에 대해 평가한다.

"공벌레 놀이를 하면서 가장 기억에 남는 일은 무엇이었나요?"

"공벌레와 함께 하면서 새롭게 알게 된 것이 있나요?"

"공벌레에 대해서 더 놀이하고 싶은 것이 있나요?"

유아들은 다음 주까지 공벌레 놀이를 하자고 했다. 유아의 요구에 따라 한 주 더 공벌레 놀이를 계획했으나 월요일에 몇 명의 유아만 채집통을 볼 뿐 놀이가 더 이상 진행되지 않았다. 그래서 채집통에 있는 공벌레를 모두 살려주고 놀이를 마무리했다.

✏ **놀이를 통해 경험한 교육과정 관련 요소**

· 자연탐구 – 탐구과정 즐기기, 자연과 더불어 살기

07

우리들만의 공룡 세계

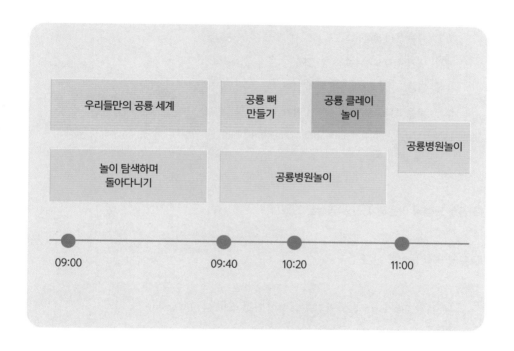

🎵 **체험학습의 경험을 놀이로 만들어가요**

공룡박물관에 다녀온 다음 날 자연스럽게 공룡 놀이와 공룡 이야기로 하루가 시작되었다. 공룡 모형을 이용해 공룡 세계를 만들어 놀이하는 유아, 공룡을 들고 무슨 놀이를 하면 좋을지 고민하는 유아, 공룡박물관에서 본 공룡알과 뼈를 만들려는 유아 등 자신의 경험을 다양한 놀이로 풀어냈다. 교사는 유아의 놀이를 따라가며 적절하게 놀이를 지원했다.

🎵 **준비물**

공룡 모형, 종이(4절지, 전지 등), 필기구

🎵 **놀이 방법**

> 하준: 나는 공룡박물관에서 티라노사우루스가 제일 좋았어. 나는 티라노사우루스야.
>
> 힘찬: 나는 트리케라톱스.
>
> 예찬: 내가 티라노사우루스 할 건데.
>
> 유림: 티라노사우루스는 1개 밖에 없어.
>
> 이레: 나는 스테고사우루스. 이거 여기 책에 나와.
>
> 교사는 유아의 대화를 듣다가 공룡 모형을 좀 더 제공해주었다.

❶ 공룡 모형을 이용해 자신의 역할을 정했다.

❷ 공룡 역할 놀이를 한다.

> 예찬: 난 티라노사우루스. 육식공룡. 힘이 가장 세지. 다 공격한다.
>
> 힘찬: 나는 트리케라톱스. 초식공룡.
>
> 지원: 나는 파라사우롤로푸스야.
>
> 힘찬: 근데 공룡 나라는 화산이 필요한데.
>
> 지원: 풀도 있어야 하고.
>
> 유림: 내가 종이 가져올게. 기다려봐.
>
> 유아들은 역할 놀이를 하다가 큰 종이를 가져와 풀과 땅, 화산을 그리기 시작했다. 공룡 모형을 이용한 역할 놀이가 자연스럽게 우리 반만의 공룡 세계를 만들기 위한 그림 그리기로 전환되었다.

❸ 공룡 세계를 만들기 위해 필요한 그림을 그린다.

❹ 다시 공룡 역할 놀이를 한다.

공룡의 역할을 정하고, 열심히 종이에 공룡 세계를 그렸지만, 흥미는 오래가지 않았다. 조금 공룡 역할 놀이를 하는가 싶더니 공룡박물관에서 보았던 공룡 뼈에 대한 이야기를 시작하였다. 그러더니 그리던 것 두고 미술방으로 향했다.

공룡박물관에 다녀왔으니 무엇인가 크고 화려한 공룡 놀이를 할 것 같지만 생각보다 유아의 놀이는 소박해요. 결과물보다는 놀이 과정에 집중하여 유아의 놀이 방향대로 천천히 따라가며 지원해 주세요.

✏️ **놀이를 통해 경험한 교육과정 관련 요소**

• 예술 경험 – 창의적으로 표현하기   • 사회관계 – 더불어 생활하기

08

공룡 뼈 만들기

🎵 선생님, 만들고 싶은데 어려워요. 도와주세요

　공룡 역할 놀이를 하던 유아들이 미술 영역으로 오더니, 박물관에서 본 공룡 뼈를 만들고 싶다고 했다. 공룡 뼈 만들기를 여러 번 시도해보았으나 잘되지 않자 교사에게 도움을 요청했다. 교사는 유아의 흥미를 반영하여 집단 활동으로 연결시켰고, 공룡 뼈를 만들고 싶은 유아들만 놀이에 참여하게 되었다. 교사가 공룡 그림자를 제공했고, 공룡 뼈를 만들 재료는 유아들이 선택하도록 했다.

🎵 준비물

공룡 그림자 그림, 지점토나 클레이, 호일, 양면테이프

🎵 놀이 방법

> 하준: 공룡 뼈는 어떻게 만들어요?
>
> 교사: 어떻게 만들고 싶은데?
>
> 하준: 박물관에 있었던 것처럼 하얀색으로 만들고 싶은데요. 잘 모르겠어요. 선생님이 가르쳐주세요.
>
> 교사: 공룡 뼈를 만들 수 있는 흰색 재료가 무엇이 있을까? 생각해보자.
>
> 유림: 클레이! 클레이 흰색이잖아요.
>
> 교사: 유림이가 말한 클레이로 해보는 건 어때?
>
> 하준이는 클레이를 이용해서 공룡 뼈를 만들었다.
>
> 하준: 선생님, 클레이로 공룡 뼈 만들었는데. 공룡 뼈가 아닌 것 같아요.
>
> 공룡 뼈를 여러 방법으로 만들어보았지만, 만족스럽지 않아서 교사에게 다시 도움을 요청
> 했다. 공룡 뼈를 만들고 싶어 하는 아이가 많아서 이를 집단 활동으로 연결했다.

> 유아가 도움을 요청할 때는 바로 도움을 주기보다는 최대한 유아가 어떤 생각을 가지고 있는지 물어보세요. 그리고 주변에 경험이 있는 친구를 통해 문제를 해결하거나 적절한 상호작용을 통해 유아가 스스로 깨달을 수 있도록 비계설정을 해주세요.

❶ **자신이 좋아하는 공룡의 그림자를 선택한다.**

- 하얀 뼈가 잘 보이도록 검은색 종이의 공룡 그림자를 준비한다.

❷ 공룡 뼈를 만들 수 있는 재료를 생각해본다.

"공룡 뼈를 무엇으로 만들 수 있을까요?"

> 하준: 공룡 그림자가 있으니까 클레이가 공룡 뼈처럼 보일 것 같아요. 클레이로 다시 만들
>
> 고 싶어요.
>
> 하준이의 이야기를 듣고 모두 클레이로 공룡 뼈를 만들고 싶다고 했다.

"공룡 뼈가 종이에 잘 안 붙는데 어떻게 고정시킬 수 있을까요?"

❸ 클레이 점토 외에 유아가 생각한 방법으로 공룡 뼈를 표현해본다.

찬희: 선생님, 갑자기 생각났어요. 양면테이프로도 할 수 있어요.

교사: 그래?

찬희: (양면테이프를 가져오며) 먼저 자른 다음에 붙이면 돼요. 흰색이니깐 뼈처럼 보여요.

지원: 어. 진짜다.

교사: 찬희 생각대로 만들어도 공룡 뼈가 되는구나. 또 필요한 재료가 있는 친구는 이야기
해줘.

보경: 선생님, 우리 예전에 그림 그렸던 반짝반짝한 것도 할 수 있을 것 같은데요. 손으로
눌러서 만들 수 있을 것 같아요.

교사: 어떤 재료였을까?

보경: (조리실을 가리키며) 저기에서 쓰는 것 위에 그림 그렸는데 다 구겨졌잖아요. 그래서 우
리가 탁구공으로 만들어 놀아 버린 것 있잖아요.

교사: 호일 말하는 거구나. 금방 가져다줄게.

처음에 공룡 뼈를 만들지 못해 교사에게 도움을 청하던 유아들이 클레이로 공룡 뼈를 만들
면서 공룡 뼈를 만들 수 있는 다양한 재료에 대한 생각을 이야기했다. 교사의 지원이 유아
의 놀이를 확장하게 하는 또 다른 방법이라는 것을 보여주는 대목이었다.

❹ 공룡 뼈를 완성하여 원하는 장소에 전시한다.

🖊 놀이를 통해 경험한 교육과정 관련 요소
• 예술 경험 – 창의적으로 표현하기   • 의사소통 – 듣기와 말하기

09

만 3세의 공룡 가족 놀이와
병원 놀이

🎵 　만 3세의 공룡 놀이를 엿보다

　　만 3세 유아들은 자신들 만의 놀이 세계가 있다. 주로 하는 놀이는 엄마 놀이로 모든 주제의 놀이가 엄마 놀이로 연결될 때가 많다. 교실을 돌아다니며 놀이를 탐색하더니 역시나 공룡 엄마, 아빠가 되어 공룡 가족 놀이를 시작했다. 공룡이 병원을 가야 한다며 자연스럽게 공룡 병원 놀이로 놀이가 이어졌고, 교사는 적절하게 이를 지원했다.

🎵 **준비물**

공룡 모형, 병원 놀이 도구

🎵 **놀이 방법**

❶ 이불을 덮어 공룡을 재운다.

> 지유: 공룡이 코~ 자고 있어.
>
> 지율: 이불 덮어주자.
>
> 지유: (이불을 덮어주며) 아가야 잘 자. (공룡 옆에서 자신도 함께 잠이 들며) 엄마도 잘게.
>
> 엄마 놀이를 즐겨하며 인형을 재우던 유아들은 이번에도 엄마가 되어 공룡을 재웠다. 만 3
> 세 유아끼리 상호작용은 많이 없었지만, 간단한 대화로 각자의 놀이를 이어갔다.

❷ 재웠던 공룡을 깨워 목욕을 시킨다.

> 지유: 이제는 목욕을 할 시간이야.
>
> 지율: 내가 해줄게.
>
> 지유: 내가 할래.
>
> 지율: 그럼 돌아가면서 하자. 네가 먼저 할 거야?

큰 투명 볼에 공룡을 넣더니 목욕 시간이라며 공룡을 씻기기 시작했다. 큰 투명 볼이 1개뿐이라서 의견 다툼이 있었지만, 한 번씩 돌아가기로 아이들끼리 약속을 정했다. 만 3세 유아들은 항상 미성숙해서 교사의 도움이 필요한 아이들이란 생각이 많았다. 그런데 놀이를 지켜보니 놀이의 범위나 공간, 재료 활용이 다른 연령에 비해 크진 않아도 자신들만의 놀이를 만들고, 그 안에서 규칙을 정했다. 그런 모습을 보며 유아의 놀이 능력에 대해 다시 생각해보았다. 큰 투명 볼 1개를 놓고 다투는 것을 보며 투명 볼 1개를 더 내어줄까 고민했지만, 특별한 요구가 없기도 하고 현재 상황 속에서 문제를 해결해갈 수 있는 유아들을 믿으며 이들의 소소한 놀이를 지켜보기로 했다.

만 3세 유아들의 놀이는 다른 연령에 비해 놀이의 범위나 공간, 재료 활용이 크거나 많지 않아요. 하지만 자신들만의 소소한 놀이 속에서 나름의 규칙을 만들어 놀이해요.

❸ 병원 놀이 도구를 가져오더니 공룡 병원 놀이로 놀이가 연결된다.

목욕을 마친 공룡들을 두고 지유가 병원 놀이 도구를 가져왔다. 자신이 의사 선생님이라고 하면서 병원 놀이 도구를 바닥에 펼쳐놓았다. 공룡을 먼저 진료하더니 다른 친구와 교사에게 병원에 오라고 했다. 교사는 공룡 1마리와 함께 병원을 찾았다.

지유: 다음 대기 환자 들어오세요. 어디가 아프세요?

교사: 배가 아파요.

지유: 아이스크림 많이 먹어서 그래요.

지유: 열이 있어요. 주사 맞고 가세요.

지유: 다음 대기 환자 들어오세요.

만 3세 유아가 사용하기에는 익숙하지 않은 '대기 환자'라는 말을 듣고 조금 놀랐다. 생각해보니 병원에서 일하시는 부모님이 계셔서 많이 들었던 말이라서 사용한 것 같았다. 유아의 놀이는 일상생활의 경험과 밀접한 관련이 있다는 사실을 발견하는 대목이었다.

❹ 다른 친구들까지 참여하는 공룡 병원 놀이가 진행된다.

공룡 병원 놀이가 재미있어 보였는지 공룡 놀이를 하던 친구들이 병원에 찾아와서 진료를 받기 시작했다. 교사는 자연스럽게 놀이 참여자에서 놀이 관찰자의 역할로 전환했다. 지유와 지율이 외에 다른 친구들은 잠깐 환자가 되었다가 다시 자신의 놀이로 돌아갔다. 다른 놀이를 하던 유아들도 계속 공룡 병원을 찾아오며 놀이가 진행되었다.

❺ 공룡 병원 놀이에 대해 평가를 한다.

오전 내내 진행된 공룡 놀이가 공룡병원 놀이를 마지막으로 마무리되었다. 따라서 공룡 병원 놀이를 내일도 할 것인지에 대한 유아의 의견을 물었다. 유아들은 그만하고 싶다고 했다. 더 이상 새로운 놀이로의 진행을 원하지 않아 오늘 한 공룡 놀이 전체에 대한 이야기를 나누었다.

❻ 공룡 놀이 전체에 대한 평가를 한다.

"어제 공룡박물관에 다녀와서 오늘 어떤 놀이를 해보았나요?"

"가장 재미있었던 놀이는 무엇이었나요?"

"혹시 공룡박물관에서 본 것 중에 더 해보고 싶은 놀이가 있나요?"

✎ **놀이를 통해 경험한 교육과정 관련 요소**

- 예술 경험 – 창의적으로 표현하기   · 사회관계 – 더불어 생활하기
- 의사소통 – 듣기와 말하기

10

공룡 아이스크림 가게 놀이

🎵 **재미있는 아이스크림 가게 놀이 함께 해요**

　공룡박물관을 다녀와서 자유놀이 시간에 몇몇 유아를 중심으로 공룡 아이스크림 가게 놀이가 진행되었다. 공룡 놀이를 하던 다른 유아들도 이 놀이에 흥미를 느껴 참여하고 싶어 했다. 그래서 전체 유아들에게 아이스크림 가게 놀이에 대한 의견을 물어보고 집단 활동으로 연결하게 되었다.

🎵 준비물

클레이, 비즈, 막대, 빨대, 스팡클, 놀이 돈

🎵 놀이 1일: 아이스크림과 아이스크림 가게를 만들어 놀이하기

❶ 각자 원하는 모양의 아이스크림을 만든다.

• 유아가 필요로 하는 재료를 제공한다.

❷ 아이스크림을 고정해놓을 수 있는 재료를 유아가 직접 찾는다.

찬희: 아이스크림을 세워야 하는데….

교사: 무엇이 있으면 좋을까?

찬희: (재활용품이 쌓인 곳을 뒤지며) 잠깐만요. 이거(스티로폼)면 될 것 같은데.

하준: 오~ 된다. 선생님, 꽂아졌어요.

교사: 오, 정말이네. 아이스크림이 안 넘어지고 잘 고정되었네.

유아들은 필요한 것을 스스로 찾아가는 과정에서 더욱 놀이에 몰입하는 것을 볼 수 있었다.

❸ 아이스크림 가게를 위한 간판과 공간을 구성한다.

❹ 아이스크림 가게 놀이를 위한 역할을 정한다.

아이스크림 가게가 3개가 만들어져 3명이 주인이 될 것이라고 예상했는데 유아들의 생각은 달랐다. 가게의 수와 상관없이 자신들이 원하는 역할을 하고 싶어 했고, 한 번의 놀이를 마친 후에도 손님과 주인을 바꾸는 것이 아니라 다시 하고 싶은 역할을 정하면 좋겠다고 했다.

❺ 아이스크림 가게 놀이를 한다.

놀이 도중 점심시간이 되어 놀이를 중단해야 할 상황이 되었다.

교사: 애들아, 점심 먹을 시간이 되었는데 어떻게 하면 좋을까?

도윤: 계속하면 안 돼요?

교사: 응. 점심시간은 정해져 있어서 시간에 맞춰 가야 하는데 어쩌지?

찬희: 밥 먹고 와서 또 해요.

하준: 맞아요. 이거 그대로 두고 가요.

지원: 밥 얼른 먹고 와서 해요.

점심시간은 정해진 일정이라서 바꾸기 어렵다는 사실을 알려주자 유아들은 밥을 먹고 와서
놀이를 계속하겠다고 했다. 이 놀이는 방과후과정 시간까지 지속되었고, 다음 날도 하고 싶
다고 하여 아이스크림 가게를 그대로 두었다.

🎵 놀이 2일: 초등학생 형님을 초대하여 놀이하기

❶ 아이스크림 가게를 추가로 만들고 놀이한다.

찬희: 여기 아이스크림 식당이에요. 아이스크림하고 빵이 있어요.

도윤: 냠냠. 팥빙수 좀 주세요.

찬희: 잠시만요.

하준: 아, 맛있다.

어제 그대로 둔 아이스크림 가게에서 아침부터 놀이가 시작되었다. 레고 상자를 이어 붙여 식탁을 만들고, 팥빙수 메뉴도 추가되었다.

❷ 초등학생 형님들에게 보낼 초대장을 만들어 전달했다.

❸ 초등학생 형님들과 아이스크림 가게 놀이를 하기 위해 역할을 정한다.

❹ 초대받은 초등학생 형님 및 선생님과 아이스크림 가게 놀이를 한다.

1학년 선생님: 이 아이스크림은 무슨 맛이에요?

지원: 딸기, 바나나 맛이요.

1학년 선생님: 초콜릿 맛은 없나요?

유나: 여기 있어요.

1학년 선생님: 얼마예요?

유나: 오천 원이요.

2학년 형님: 이 아이스크림 얼마예요?

하준: 천 원이요.

모든 유아가 가게 주인이 되었고, 초대된 초등학교 형님, 선생님이 손님 역할을 했다. 유아들은 자신이 만든 아이스크림 판매하며 적극적으로 대화하며 놀이했다. 돈의 가치는 정확히 알지 못하지만, 아이스크림을 구입하기 위해서는 돈이 필요하고, 거스름돈을 남겨줄 수 있다는 사실에 대해서는 알고 있었다.

❺ 아이스크림 가게 놀이에 대한 평가를 하며 놀이를 마무리한다.

"아이스크림 가게 놀이를 하며 재미있었던 점은 무엇인가요?"

"초등학생 형님들을 초대하니 어땠어요?"

"내일도 아이스크림 가게 놀이를 더 하고 싶나요?"

"너희들이 만든 아이스크림은 어떻게 하면 좋을까요?"

✎ 놀이를 통해 경험한 교육과정 관련 요소

• 예술 경험 – 창의적으로 표현하기   • 사회관계 – 더불어 생활하기

• 의사소통 – 듣기와 말하기, 읽기와 쓰기에 관심 가지기

11

텃밭에서 발견한 애벌레

🎵 **감자를 캐러 나갔는데 애벌레를 만났어요**

유치원 텃밭에 심었던 농작물이 여름이 되니 열매를 맺기 시작했다. 등원할 때마다 고추 1개, 상추 1장을 따오더니 며칠 전부터는 감자를 캐고, 상추를 따야 한다고 했다. 유아의 말에 교사는 텃밭 활동을 계획하고 아침부터 농작물(감자, 가지, 상추 등)을 수확하러 나갔다. 감자를 캐던 중 발견한 애벌레에 유아들의 모든 관심이 모아졌고, 놀이로 이어졌다.

바구니, 삽, 곤충도감, 플라스틱 용기, 채집통, 돗자리, 도화지, 클레이, 필기구

🎵 놀이 과정

❶ 텃밭에 있는 농작물을 수확하여 바구니에 담는다.

유림: 이건 고추예요?

힘찬: 고춧잎 뒤에는 노린 알이 있어요.

보경: 나도 볼래.

범진: 주황색 방울토마토는 따 먹어도 되나요? 익으면 주황색이 되고, 안 익으면 초록색이죠?

지원: 으~ 거미줄 많아요. 난 여기서 할래요.

보경: 여기 파 봐. 감자가 나온다.

범진: 안 나오는데.

지원: 더 깊이.

자연은 모든 것이 즐거움이고, 배움이다. 교실 앞 텃밭에만 나왔을 뿐인데 아이들의 질문과 대화가 끊이지 않는다. 자신들이 무엇인가 스스로 발견하고, 그에 관련된 지식을 친구들에게 소개하는 모습에 놀라지 않을 수 없었다. 그러나 자연에 대한 놀이 경험이 부족한 유아나 겁이 많은 유아는 벌레가 많은 텃밭을 싫어하기도 한다. 이런 유아들에게는 자연에서의 놀이를 너무 강요하지 말고, 조금씩 자연과 친숙해질 수 있도록 한다면 자연은 정말 좋은 놀이터가 될 것이다.

자연은 모든 것이 배움이다. 밖으로 나가자. 어떤 것을 해주려고 교사가 노력하지 않아도 유아들은 스스로 찾고, 배우며, 즐거워할 것이다.

❷ 감자를 캐던 유아들이 애벌레를 발견하고 이야기를 나눈다.

감자를 캐던 유아가 흰색 애벌레를 발견하자 모든 유아의 관심이 애벌레에 집중되면서 자연스럽게 농작물 수확은 멈추었다. 모두 애벌레를 보기 위해 모여들었다. 애벌레를 만져보고, 이야기를 하며 관심을 갖기 시작했다.

❸ 텃밭 옆 정자로 이동하여 곤충도감을 보며 애벌레를 탐색한다.

텃밭에서 친구들이 애벌레를 발견했다는 말을 듣고, 한 명의 유아가 교실로 들어갔다. 잠시 후 책을 한 권 들고나왔다. 교실에서 평소 보던 곤충도감이었다. 삽에 있던 애벌레를 책 위에 올려놓고, 책의 사진과 비교하며 무슨 애벌레인지 찾기 시작했다.

예찬: 장수풍뎅이 애벌레 아니야?

지원: 그건 더 커야 하는 거 아니야?

유림: 파리팔랑나비 애벌레 아니야?

범진: 아니야.

보경: 이거 아니야? 색깔도 흰색이고 똑같잖아.

사실 무슨 벌레의 애벌레인지 아무도 모른다. 정확한 애벌레의 이름을 아는 것이 중요한 것이 아니다. 궁금한 것을 책에서 찾아보며 발견하는 기쁨을 느끼고, 친구들과 의사소통을 하는 모든 과정을 유아가 주도하며 스스로 배움을 찾아간다는 것이 중요하다.

놀이를 하며 궁금한 것을 책에서 찾아보고, 발견하는 기쁨을 느끼며, 친구들과 의사소통을 하는 모든 과정을 통해 스스로 배움에 다가가요.

❹ 곤충 박사인 하준이가 애벌레에 관해 설명하며 그림으로 표현하고자 교사에게 도움을 요청한다.

하준: 선생님 애벌레는요, 원래는 알이었는데 시간이 지나서 애벌레가 되었고, 이 애벌레는 번데기가 돼요. 번데기가 돼서 며칠이 지나면 나비가 되어 날아가요.

교사: 우와 그렇구나. 그럼 저 애벌레도 나중에 나비가 되겠네?

하준: 나비가 될 수도 있고, 나방이 될 수도 있어요. 그림으로 그려보고 싶어요.

교사: 그래? 어디에서 그리고 싶은데?

하준: (텃밭 앞을 가리키며) 저기에서 그릴래요. 돗자리 펴주세요.

평소 곤충에 대해 많이 알고 있는 하준이는 텃밭 옆 유치원 출입구에서 애벌레 그림을 그리고 싶어 했다. 돗자리를 꺼내주었더니 교실에서 필요한 종이와 펜을 들고 그림을 그리기 시작했다. 놀이 상황 속에서 유아가 자신의 필요를 말했을 때 교사는 이를 최대한 수용하며 지원하는 것이 필요하다.

❺ 애벌레를 교실에서 관찰하기 위해 필요한 통을 찾아 담는다.

하준이가 돗자리에서 애벌레 그림을 그리는 동안 다른 친구들은 애벌레를 교실에서 관찰하는 방법에 관해 이야기를 나누고 있었다. 두 명의 친구가 애벌레를 채집통에 담기 원했는데 한 개밖에 없어서 채집통과 비슷한 플라스틱 용기를 찾아왔다.

채집통에서 애벌레가 잘 자라기 위해서는 흙과 풀을 넣어주어 땅과 같은 환경을 만들어주고, 숨을 쉴 수 있는 구멍이 있어야 한다고 했다.

❻ 모두 돗자리에 모여 애벌레에 관한 자기 생각을 그림이나 클레이로 표현한다.

채집통에 애벌레를 옮기는 동안 다른 유아들은 교실에서 놀이에 필요한 재료를 가지고 돗자리로 모였다. 클레이로 애벌레를 만드는 유아, 애벌레를 발견한 장소를 클레이로 표현하는 유아, 그림을 그려 애벌레 책을 만드는 유아 등 각자 자신의 방법대로 애벌레와 관련된 경험을 표현했다. 예전 같았으면 교사가 제시한 활동지에 오늘 관찰한 애벌레를 그리는 활동을 했을 텐데 이제는 유아가 원하는 장소나 자료를 선택하여 자유롭게 표현하는 모습을 볼 수 있었다. 또한 "종이가 필요해요. 클레이가 필요해요", "선생님, 큰 종이 써도 되나요?"라고 묻지 않는다. 교사가 그동안 유아의 말을 인정해주고, 선택의 기회를 많이 주었기 때문에 자유롭게 유아들의 놀이 세계를 펼칠 수 있었던 것 같다.

❼ 교실로 이동하여 자신의 작품을 소개한다.

❽ 놀이를 평가한다.

"텃밭에서 애벌레를 만나 놀이하니 어땠어요?"

"애벌레에 대해서 더 궁금한 것이 있나요?"

"애벌레에 대해서 함께 놀이하고 싶은 것이 있나요?"

유아의 흥미가 무르익을 때까지 충분한 시간을 가지고 기다리며 유아의 행동을 수용해주었다. 놀이 속에서 배움이 있는지 살펴보면서도 한편으로는 '교사인 나는 무엇을 하고 있는 거지?, 이렇게 바라만 보며 기다려도 되는 것인가?' 고민에 빠졌다. 그래서 놀이 평가 시간에 유아의 관심을 집단 활동으로 끌고 가기 위해 애벌레에 대해 궁금한 점이나 하고 싶은 놀이를 물어봤으나 유아들은 없다고 대답했다. 차라리 '있다'라고 대답해서 다양한 놀이가 이루어졌다면, 교사의 가르침에 대한 불안감이 사라졌을지도 모르겠다. 어느 지점에서 가르침과 배움의 교집합을 찾을 수 있을지 어렵고, 고민스럽다.

✏️ **놀이를 통해 경험한 교육과정 관련 요소**
- 자연탐구 – 자연과 더불어 살기
- 예술 경험 – 창의적으로 표현하기

12

봄 동산은 무지개 빛깔

🎵 **유아의 손에서 만들어지는 진정한 보물**

 봄 동산에서 볼 수 있는 것들을 알아보려고 보물찾기 수업을 계획했다. 그러나 봄 동산에서 보물찾기는 유아들의 생각에 의해 새로운 놀이로 바뀌었다. 교사는 기대감을 가지고 유아의 놀이 세계를 지켜보며 유아의 놀이를 따라가 보았다.

🎵 **준비물**

광목천, 돗자리, 봄 동산 꽃, 풀 등

♪ 놀이 과정

❶ 보물을 한 개씩 찾아 함께 모인다.

❷ 유아가 생각한 규칙에 의해 자연물을 놓는다.

숨겨온 보물을 교사가 깔아놓은 광목천 위에 내려놓으면서 자신들만의 놀이를 시작했다. 하준이가 먼저 자신이 생각한 규칙에 의해 자연물을 놓기 시작했다. 친구들은 하준이의 생 각을 눈치챘는지 무지개 색깔 순서에 맞춰 자연물을 배치했다.

하준: 어! 생각나는 게 있어.

하준이는 친구들이 가져온 보물을 자기 생각대로 놓아보았다. 예찬이는 하준이가 무지개 색깔 순서대로 보물을 놓는다는 것을 알아채고 보라색 꽃을 건네주었다.

예찬: 여기 마지막이 보라색.

도윤: 초록이 없는데.

하준: 내가 가져올게.

하준이는 초록색 풀잎을 찾아와 도윤이에게 가져다주었다.

유림: 빨….

지원: 빨강이 없는데, 빨강이 어디에 있었지? 분명 있었는데….

범진: 내가 알아. 내가 다녀올게.

범진: 애들아, 여기 빨간색.

지원: 선생님, 다 됐어요.

교사: 우와~ 멋지네. 무엇을 만든 거야?

유림: 무지개잖아요.

교사: 와. 무지개구나. 대단하다. 정말 봄 동산의 무지개 색을 다 찾아주었네. 다 같이 색깔을 말해볼까? 빨. 주... 어! 주황은 어디로 숨었지?

도윤: 어? 주황이 없네. (주변을 두리번거리며) 주황이 어디에 있었더라?

예찬: (자신의 신발을 벗으며) 주황은 여기 있지요.

부족한 색깔을 자신의 신발로 대처하는 재치로 한바탕 웃음꽃을 피웠다. 한 명의 친구가 신발을 올리니 다른 친구들도 색깔에 맞춰 자신들의 신발을 올리며 함께 기뻐했다. 봄 동산에서 핀 꽃들이 아이들 마음속에는 '무지갯빛처럼 아름다웠구나'라는 생각이 들어 흐뭇했다.

❸ 유아가 만든 무지개를 보며 이야기를 나눈다.

"이 무지개로 하고 싶은 놀이가 있나요?"

"무지개 빛깔의 봄 동산에서 어떤 놀이를 하고 싶나요?"

✏️ 놀이를 통해 경험한 교육과정 관련 요소

• 자연탐구 – 자연과 더불어 살기, 생활 속에서 탐구하기

13

우리들의 딱지놀이

🍒 딱지놀이, 우리가 원하는 대로 하고 싶어요

　유치원에서 실시한 전통놀이 행사에서 우유갑으로 딱지를 접어 놀이하는 시간을 가졌다. 아이들은 자신들의 방법에 따라 자유롭게 놀고 싶었는데, 제약 조건들이 있어 다양한 방법으로 놀지 못했다며 교실에서 딱지놀이를 이어서 하고 싶다고 하여 딱지놀이 시간을 주었다.

🎵 준비물

우유갑으로 만든 딱지, 우유갑

🎵 놀이 1일: 나만의 딱지놀이

❶ 우유갑을 이용해 딱지를 접는다.

❷ 유아가 하고 싶은 방법에 따라 친구들과 딱지놀이를 한다.

[딱지은행이 있는 딱지치기]

딱지치기를 하던 유아들이 딱지은행을 만들고 놀이를 이어 한다.

처음에는 3명의 유아가 딱지치기를 했다. 우리가 일반적으로 하는 딱지놀이로 바닥에 놓인 딱지를 상대가 딱지로 쳐서 뒤집으면 가져가는 놀이였다. 그러다가 한 유아가 딱지은행을 제안했다.

보경: 애들아, 한 명이 딱지 지키고 있자. 우리가 딱지를 뒤집으면 맡기는 사람.

찬희: 딱지 가지고 있는 사람? 딱지은행 같은 것?

유림: 좋아. 딱지를 따면 다 보경이에게 주자. 은행이라고 하면 되겠네. 딱지은행. 그리고 바꿔서 하자. 내가 다음번에는 딱지은행 할게.

[최강 딱지 만들기]

다양한 재료를 이용해 최강 딱지를 만든다.

처음에는 딱지치기 놀이를 함께 했으나 나와서 최강 딱지를 만들겠다며 미술방에 있는 재료를 찾기 시작했다.

힘찬: 잡지로 딱지를 만들자. 튼튼하게.

하준: 선생님, 두꺼운 종이가 필요해요.

교사: 어떤 종이가 필요한데? 자료실로 한번 가볼까?

힘찬: 이거요.

교사: 필요한 만큼 사용해요.

교사는 최강 딱지를 만들겠다는 유아가 요구한 자료를 제공해주었다. 종이, 색지, 잡지 등 다양한 종류의 종이를 이용해 딱지를 만들고, 그 위에 두꺼운 테이프를 이용해 딱지를 감기 시작했다.

하준: 최강 딱지가 되려면 엄청 튼튼해야 해.

힘찬: 테이프로 붙여봐. 딱지가 튼튼해. 최강 딱지가 될 수 있어.

하준: (테이프로 감은 딱지를 던져보며) 튼튼해. 아주 강해.

힘찬: 우리 딱지 많이 만들자.

이 놀이 그룹의 유아들은 딱지를 치기보다는 강한 딱지를 만드는 데 관심이 있었다. 자신들이 만든 딱지를 쳐보기도 하면서 계속 필요한 재료를 요구하며 딱지를 만들었다.

어제 친구들이 만든 딱지를 보며 유아들이 딱지놀이를 하고 싶다고 했다. 교사는 먼저 어제 딱지를 만든 유아들에게 친구의 생각에 대해 알리고, 딱지를 반 친구들에게 공유해줄 수 있는지 물었다. 그다음 유아 전체에게 의견을 물었다.

• 딱지놀이가 집단 활동으로 연결해가는 과정

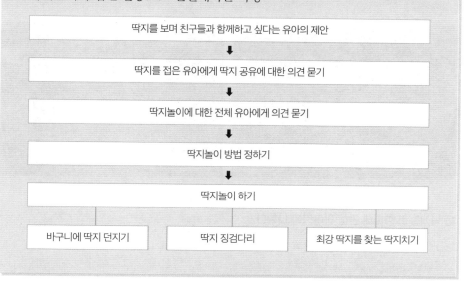

❶ 딱지놀이를 할 것인지에 대해 유아들의 생각을 묻는다.

❷ 유아가 접은 딱지를 나누어 가질 방법에 대해 이야기를 나눈다.

교사: 딱지를 어떻게 나누면 좋을까?

유림: 3개씩 가져요.

교사: 그래, 좋아. 3개씩 가져가자.

지원: (3개씩 가져가고) 어, 많이 남았어요. 1개씩 더 가져가요. (유아가 직접 1개씩 나눠준다)

교사: (그래도 딱지가 남자) 남은 것은 어떻게 할까?

찬희: 나머진 선생님이 해요.

유아들은 딱지를 보더니, 처음에는 3개씩 가져간다고 했다. 모두 가져가고 몇 개가 남자 하준이가 친구들에게 1개씩 더 나눠주었다. 그래도 몇 개가 남자 선생님 몫이라면서 주었다.

❸ 딱지놀이 방법에 관해 이야기를 나눈다.

"우리가 하고 싶은 대로 하고 싶어요."

모든 유아가 딱지놀이에 대한 의견을 모았을 때 교사는 한 가지 놀이를 함께할 것이라고 예상했으나 유아는 자신들만의 방법으로 놀이하고자 했다. 딱지를 이용해 하고 싶은 놀이를 생각하고 함께하고 싶은 친구를 스스로 정해 딱지놀이가 세 그룹으로 나뉘어 진행되었다. 놀이 과정 중 다시 놀이가 한 가지로 모일 수도 있으니 유아들의 놀이를 지켜보기로 했다.

유아가 놀이 친구와 함께 자기 생각을 나누며 놀이를 할 수 있도록 교사는 유아의 의견을 묻고, 수용해주는 역할을 해요.

❹ 유아가 놀이하고 싶은 방법에 따라 친구와 딱지놀이를 한다.

✿ 바구니에 딱지 던지기 놀이

만 3세 유아들은 딱지가 담겨 있던 바구니를 가운데에 놓더니 어느 정도 물러선 자리에서 바구니에 던지는 놀이를 했다. 몇 발자국을 뒤로 물러나야 하고, 어느 선에서 던지는 것인지는 이들에게는 중요하지 않았다. 그냥 적당한 거리에서 바구니에 던져 들어가면 기뻐했고, 다른 친구의 것보다 자신의 놀이에 집중했다. 만 3세 유아들의 자기 중심성을 다시 생각해보게 했다. 그러더니 바구니를 한 개 더 가져와 두 개를 두고 던져 넣는 놀이를 했다. 바구니를 더 가져오는 과정 중에서도 별다른 대화 없이 필요한 유아가 바구니를 가져왔고, 두 사람은 두 개의 바구니를 함께 사용하며 놀이했다.

✽ 딱지 징검다리 놀이

유림: 우리 징검다리 놀이하자.

보경: 그래. 딱지를 바닥에 놓을게.

유림: 근데, 우리는 4개씩 밖에 없잖아.

보경: 선생님, 딱지가 더 필요해요.

교사: 바구니에 더 있으니 필요한 만큼 사용해도 좋아.

놀이를 제안한 유림이는 3월부터 블록을 이용해 징검다리 놀이를 많이 했다. 블록을 바닥에 놓고 건너기, 미션 추가하기 등 다양한 놀이를 여러 번 해본 경험을 바탕으로 딱지를 이용한 징검다리 놀이를 제안했다. 유아의 필요에 의해 딱지를 더 제공했으나 딱지를 밟고 지나가는 징검다리 길 놀이 외에 다른 놀이로 확장되지는 않고, 계속 길을 만들며 지나가는 놀이를 이어갔다.

✽ 최강 딱지 찾기 놀이

남자 유아 3명이 모여 딱지치기를 했다. 딱지를 만든 유아들이 있는 놀이 그룹이라 딱지놀이 시작부터 공들여 만든 일명 '최강 딱지'라고 불리는 테이프 딱지를 2명이 가지고 있었다. 딱지놀이 처음부터 최강 딱지를 이용해 우유갑으로 만든 딱지를 공격했으나 테이프를 너무 감고 있어서 그런지 공격이 되지 않았다. 온 힘을 다해 테이프 딱지로 우유갑 딱지를 세게 쳤으나 이번에도 테이프로 만든 딱지만 튕겨 나갈 뿐이었다.

범진: 우린 최강 딱지로 하자.

힘찬: 그래. 최강 딱지로 해서 가장 최강 딱지를 찾아보자.

하준: (우유갑 딱지를 공격하며) 최강 딱지 파워.

범진: (최강 딱지가 튕겨 나가자) 뭐야. 나가버린다.

힘찬: 이번에는 내 것으로 할게.

하준: 최강 딱지~(역시나 튕겨 나간다)

범진: 뭐야. 왜 잘 안 되지?

힘찬: 테이프 때문에 안 되는 것 같아. 자꾸 튕기기만 하잖아. 이거로 안 할래.

하준: (우유갑 딱지를 들며) 내가 해볼게. 최강 딱지.

범진: (우유갑 딱지가 뒤집히자) 오오오오오. 땄다. 내 꺼다. 이게 최강 딱지다.

힘찬: (테이프로 만든 딱지를 치우더니) 이것으로만 할래. 테이프 딱지는 잘 안 돼.

놀이 시작부터 테이프를 많이 감아야 강한 딱지가 된다며 많은 테이프를 사용했다. 딱지를 선택할 때도 테이프로 만든 딱지는 최강 딱지이니 자신들이 선택했다. 그러나 직접 활동을 해보니 다른 딱지를 뒤집히기는커녕 자꾸 튕겨 나갔다. 그래서 테이프로 만든 딱지가 최강 딱지가 아니라고 판단하고 다른 딱지로 최강 딱지를 찾기 위해 노력했다. 놀이 과정 중에 직접 시도해보며 해답을 찾아가며 기뻐하는 유아들의 모습을 볼 수 있었다.

유아의 놀이는 놀이를 통해 자신이 가지고 있던 생각의 변화를 가져오며 그 과정에서 스스로의 배움이 일어난다.

❺ 딱지놀이에 대한 이야기를 나누며 평가한다.

"딱지로 어떤 놀이를 했나요?"

"딱지로 친구와 함께해보고 싶은 놀이가 있나요?"

"딱지놀이를 계속하고 싶나요?"

✎ 놀이를 통해 경험한 교육과정 관련 요소

• 사회관계 – 더불어 생활하기   • 자연탐구 – 탐구과정 즐기기, 생활 속에서 탐구하기

14

우리가 하고 싶은 풍선놀이

🍒 **친구들이 하던 풍선 놀이를 집단 활동으로 함께 했어요**

　주 1회 유아들이 하고 싶은 놀이를 한 후 자신의 놀이를 소개하는 '놀이의 날'을 운영했다. 교사는 놀이하는 유아의 모습을 사진으로 보여주었다. 친구의 놀이 소개와 사진을 본 아이들은 함께 풍선 놀이를 하기를 원했고, 원하는 풍선 놀이를 순서대로 해 보았다.

🍒 준비물

풍선(유아 수만큼)

🍒 놀이 과정

❶ 유아가 하고 싶은 놀이에 대해 이야기를 나눈다.

> 찬희: 유림이가 한 풍선 놀이 재미있을 것 같아요.
>
> 지원: 우리도 하고 싶어요.
>
> 하준: 풍선 놀이해요.
>
> 교사: 그럼 다 같이 풍선 놀이해 볼까? 그럼 풍선으로 어떤 놀이를 또 할 수 있을까?
>
> 하준: 네. 풍선을 1개씩 가지고 놀고 싶어요.
>
> 보경: 풍선을 가지고 놀고 싶어요.
>
> 지원: 예찬이와 유림이가 한 놀이도 해요.
>
> 여러 가지 풍선 놀이에 대한 이야기가 나올 줄 알았는데, 유아들은 우선 개인 풍선을 가지고 무조건 놀이하고 싶어 했다. 점심시간까지 얼마 남지 않아 다양한 의견을 듣기보다는 원하는 대로 먼저 풍선을 주고, 놀이 과정에서 함께 놀이를 해나가기로 했다.

❷ 풍선을 가지고 자유롭게 개별적으로 놀이한다.

❸ 친구들과 함께할 수 있는 풍선 놀이를 유아가 제안한 순서대로 해본다.

> ✱ 풍선 높이 올린 수 세기 놀이
>
> ① 풍선을 몇 개 쳐서 올릴 것인가 정한다.(3개, 5개, 10개)
>
> ② 풍선을 떨어뜨리지 않고 온몸을 이용해 정해진 수만큼 높이 친다.
>
> ③ 중간에 떨어뜨린 유아는 처음부터 다시 수를 세서 정해진 수만큼 높이 친다.

✿ 풍선 오래 띄우기

① 모두 함께 풍선을 손으로 쳐서 높이 띄운다.

② 풍선이 바닥에 닿지 않도록 풍선을 따라가며 손으로 친다.

③ 풍선이 바닥에 떨어지면 풍선을 가지고 자리에 앉는다.

④ 마지막 친구의 풍선이 바닥에 떨어질 때까지 기다린다.

✿ 풍선 배구

① 교구장과 칠판을 이용해 풍선 배구를 위한 네트를 만든다.

② 두 팀으로 팀을 나눈다.

③ 풍선을 손으로 쳐서 상대 팀에게 보낸다.

④ 풍선이 네트를 넘어오면 떨어지지 않게 빨리 손으로 받아 상대팀에 넘긴다.

⑤ 풍선이 바닥에 닿으면 상대편이 1점을 얻는다.

⑥ 팀이나 놀이 방법을 유아들이 바꾸면서 놀이를 다시 진행한다.

✒ 놀이를 통해 경험한 교육과정 관련 요소

· 신체운동·건강 – 신체활동 즐기기   · 사회관계 – 더불어 생활하기

· 의사소통 – 듣기와 말하기

15

우리 교실에는
앉아서 하는 것만 있어요

🎵 **교실 공간에 대해 다시 생각해봤어요**

자유놀이 중에 갑자기 유림이가 "선생님, 왜 교실에서는 모두 앉아서 놀아야 해요?"라고 물었다. 한 번도 생각해보지 못한 이야기를 듣고 다시 교실을 보니 '아이들 눈에는 흥미 영역이 그렇게 보였구나!' 라는 생각이 들었다. 그래서 공간의 소유권을 유아에게 주고 교실 공간을 유아가 꾸며볼 수 있는 활동을 함께 해보았다.

♫ 놀이 방법

❶ 유림이 말을 듣고 곧바로 함께 모여서 전체 유아의 의견을 물어보았다.

> 교사: 유림아 방금 선생님에게 한 이야기를 친구들에게 한 번 더 해줄 수 있겠니?
>
> 유림: 네. 우리 교실은 모두 앉아서 놀이하는 것밖에 없어. 그치?
>
> 교사: 너희들 생각은 어때?
>
> 지원: 네. 맞아요.
>
> 교사: 너희 말을 듣고 보니 정말 그런 것 같구나. 그럼, 어떻게 교실을 바꿔보고 싶니? 좋은 생각이 있니?
>
> 유림: 서서 하는 것도 있고, 뛸 수도 있었으면 좋겠어요.
>
> 하준: 맞아요. 신나는 방(유희실)처럼요.
>
> 교사: 그럼 우리가 교실을 바꿔볼까?

❷ 유아 주도로 교실 공간을 바꾸기 위해 이야기를 나눈다.

"우리 교실에서 바꾸고 싶은 부분이 있나요?"

"아니면 우리 교실에서 필요가 없어서 빼고 싶은 물건이 있나요?"

- 교구장, 책상 등의 그림이나 사진을 이용해 교실 배치도를 만들어 칠판에 붙여 놓고 직접 이동해보거나 없애보며 생각을 나누어볼 수도 있다.

> 교실을 바꿔보자는 말에 아이들이 너무 좋아했다. 교실에 필요한 물건에 대해 발문을 했는데, 유아들은 당장이라도 몸을 움직이고 싶은 눈치였다. 그래서 발문을 짧게 마무리 짓고 아이들을 믿고 맡겨보기로 했다.

유아는 흥미가 폭발하게 되면 언어적 표현보다는 몸을 이용해 직접 움직이며 활동하고 싶어 해요. 이럴 때는 교사의 발문을 줄이고 최대한 유아가 직접 움직여 볼 수 있도록 지원해주면 다양한 생각을 꺼낼 수 있어요.

❸ 교실에 있는 교구장이나 책상을 이동하거나 유치원에 있는 물건 중 유아들이 원하는 물건을 교실로 가지고 온다.

트램펄린이 교실 출입구로 들어오려면 트램펄린을 세우고, 옆으로 돌리면서 협력하는 과정이 필요했다. 무거웠지만 누구 하나 짜증 내지 않았고, 방법을 찾기 위해 친구들과 이야기를 나누었다. 이러한 과정 중에 자연스럽게 배움이 일어나고 있었다.

유아가 교실로 가져온 물건은 트램펄린, 터널, 축구 골대, 매트였다. 모두 서서 하는 것들만 가져왔다. 이제 보니 유림이가 말한 것처럼 교실에 있는 자료가 대부분 정적인 활동의 자료였다. 또한 각 영역을 구분하는 교구장은 한쪽으로 옮겨 모아두었다. 유아는 움직이고 싶은데 교실 속 동적인 공간은 찾아보기 힘들고, 행여 좀 달리거나 움직이면 교사에게 지적을 받았던 것이다. 그래서 교구장을 옮겨 놀이 공간을 넓혔고, 원하는 놀이 도구들을 배치했다. 유아들은 동적인 공간, 정적인 공간이 함께하는 교실에서 놀고 싶었다는 것을 알게 되었다.

❹ 유아가 구성한 교실에서 놀이를 한다.

트램펄린, 축구 골대, 매트, 터널이 들어온 교실에서 다양한 놀이가 이루어졌다. 유아가 가져온 체육 교구는 기존의 놀이 방법대로만 쓰일 줄 알았는데 교사의 착각이었다. 축구 골대는 거미줄로 변해 거미 술래잡기가 이루어졌고, 터널 속 공간에서는 재미있는 모험 놀이가 펼쳐졌다.

✽ 유아 주도의 공간 구성에 대한 이야기

교실 공간의 변화는 한순간에 이루어질 수 없다. 유아들은 그동안 정해진 공간에서만 생활해왔다. 간혹 교구장을 움직여 놀이 공간을 넓혀주는 선생님들이 계시긴 하지만, 대부분 교실의 교구장, 책상, 의자는 고정 상태이다. 소개된 학급은 학기 초부터 허용적인 분위기에서 유아의 요구에 따라 교구장, 책상, 의자 등의 이동이 자유로웠다. 때로는 교사가 이동에 도움을 주었고, 친구들과 협력하거나 혼자 이동하며 놀이하는 일이 종종 있었다. 그러다 보니 흥미 영역의 경계는 없어졌고, 함께 모이는 자리도 유아의 놀이 공간이 되었다. 이렇게 교사가 가지고 있는 교실 공간에 대한 주도권을 점차 유아들에게 주다 보니 유아도 교실에 대한 주인의식을 가졌다. 또한 교실 공간에 대한 자기 생각을 교사에게 자유롭게 이야기하고 필요에 의해 스스로 변화를 주기도 했다.

책에는 단편적인 하루 일화에 대한 활동만 기록하고 있어 아쉽지만, 이러한 과정은 하루 만에 이루어진 것이 아님을 말해주고 싶다. 유아의 필요에 따라 교사가 교구장이나 의자 등에 조금씩 변화를 주다 보면 나중에는 유아가 옮길 수 있게 된다. 그러다 보면 유아가 원하는 놀이 공간을 교실 속에서 스스로 혹은 친구들과 함께 만들어 가게 될 것이다. 조금씩 점차적으로 유아 중심의 교실을 만들어보길 바란다.

✏️ **놀이를 통해 경험한 교육과정 관련 요소**

• 사회관계 – 더불어 생활하기

16

바꿔 바꿔
우리가 바꾸는 놀잇감

🍒 **우리가 원하는 놀잇감으로 바꿔요**

　쌓기방에 가득 있는 원목 블록이 마음에 들지 않은지 "이거 안 가지고 노는데, 너무 많아요. 다른 것으로 바꾸고 싶어요"라며 유아들이 교구장을 교실에서 빼고 싶어 했다. 그 모습을 관찰한 후 유아들과 활동으로 계획하여 놀잇감을 바꿔보았다.

🍒 **준비물**

유치원에 있는 교구

❶ **쌓기방의 나무 블록에 대해 이야기를 나눈다.**

"아침에 하준이가 나무 블록은 가지고 놀지 않는다고 다른 놀잇감으로 바꾸고 싶다고 하는데 어떻게 생각하나요?"

"놀이할 때 나무 블록이 필요한 친구가 있나요?"

> 쌓기방 교구장에서 가장 많은 자리를 차지하고 있는 것은 나무 블록이었다. 나무 블록은 다양한 변화가 가능해 여러 가지 용도로 사용할 수 있는 놀잇감이지만, 유아들이 잘 가지고 놀지 않았다. 하지만 언젠가는 가지고 놀 것이라는 기대와 많은 양의 나무 블록을 마땅히 정리할 곳이 없다는 이유로 그대로 교실에 비치해두었다. 하준이의 이야기를 바탕으로 유아들과 이야기를 나눈 결과 쌓기방에서 나무 블록을 치우고 싶어 했다.

❷ **쌓기방에 있는 나무 블록을 정리 상자에 담아 자료실로 옮긴다.**

"나무 블록을 어떻게 할까요?"

"나무 블록을 담을 때 조심해야 할 부분은 무엇일까요?"

"다시 필요할 때는 어떻게 하면 될까요?"

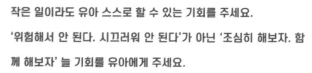

작은 일이라도 유아 스스로 할 수 있는 기회를 주세요.

'위험해서 안 된다. 시끄러워 안 된다'가 아닌 '조심히 해보자. 함

께 해보자' 늘 기회를 유아에게 주세요.

❸ 비어 있는 교구장에 대한 유아의 생각을 묻는다.

"나무 블록이 있던 자리는 어떻게 할까요?"

"어떤 놀잇감이 필요한가요?"

❹ 비어 있는 교구장을 유아가 원하는 놀잇감으로 채운다.

❺ 스스로 놀잇감을 교체해본 느낌에 대해 이야기를 나눈다.

"우리 교실 중 또 바꾸고 싶은 놀잇감이 더 있나요?"

✿ 교사의 공간 '자료실'의 변화

유치원 자료실이란 공간은 오직 교사의 공간이었다. 그러나 놀이중심 교육과정을 운영하다
보니 자료에 대해 유아의 생각을 묻는 일이 많았고, 언어적 표현이 미숙한 아이들의 말을

이해하기 어려울 때가 있었다. 그럴 때는 함께 자료실로 가 유아가 원하는 자료를 선택할 기회를 주었다. 이런 경험이 반복되니 자료실도 유아와 함께 공유하는 공간이 되었고, 새로운 놀잇감을 정리해서 넣거나 유아가 원하는 놀잇감을 꺼낼 때는 자료실로 이동해서 함께 선택할 수 있는 기회를 주었다.

✱ 생활주제에 따른 자료 제공에 따른 생각

생활주제가 바뀌면 그에 따라 자유선택놀이 교구를 교체했다. 그리고 생활주제가 시작되는 매주 월요일, 그 놀잇감에 대해 설명하고 함께 놀이했다. 그러나 생활주제와 관련된 놀잇감을 이용한 놀이는 하루 이틀 만에 흥미를 잃고, 자신이 원하는 다른 놀잇감이나 직접 놀잇감을 만들어 놀이할 때가 많았다. 그래서 생활주제와 관련된 놀잇감을 조금씩 줄이고, 그 자리에 생활주제와 관련이 없지만 아이들이 좋아하는 놀잇감과 개방적인 놀잇감을 제공했다. 그리고 놀이하지 않거나 유아의 요구가 있다면 자료를 수시로 교체해주었다.

자료실 활용이나 생활주제에 따른 자료 제공은 모두 유치원 실정(자료실의 규모 및 안전, 자료실까지 가는 동선 중 다른 교실의 유무 등)에 맞게 적절하게 운영하길 바란다.

✏️ 놀이를 통해 경험한 교육과정 관련 요소
- 사회관계 – 더불어 생활하기

나오며

여전히 놀이중심 교육과정이 어렵고, 망설여지시나요?

우리 두 저자가 실천하고 경험해본 놀이중심 교육과정은 활동 유형을 정확히 구분할 수도 없고, 놀이 모형에 따라 진행되지도 않았습니다. 그럼에도 불구하고 교사가 계획한 놀이, 유아의 흥미에서 시작한 놀이, 유아가 주도한 놀이로 분류하고, 그에 따른 모형을 만든 이유는 놀이중심 교육과정을 어려워하는 선생님들의 이해를 도와 변화가 시작되길 바랐기 때문입니다.

저희 역시 놀이중심 교육과정을 연구하면 할수록 혼란스러웠고, 방황했습니다. 무엇이 맞는지 알 수 없는 막막한 시간이 계속 되었습니다. 우리는 끊임없이 생각을 나누었고 서로의 의견을 받아들였습니다. 그러는 가운데 우리는 깨달았습니다.

"놀이중심 교육과정에는 정답이 없다."
"놀이중심 교육과정은 결국 유아 중심이다."

놀이 속 아이들의 모습을 따라가며 말 한마디에도 귀 기울이고, 작은 손짓과 움직임에도 아이들의 마음을 읽기 위해 집중하는 우리의 모습을 보았습니다.

누군가는 유아가 주도하는 놀이만 놀이중심 교육과정이라고 말하고, 또 누군가는 유아의 놀이를 교육과정 속 배움과 연결해야만 한다고 말합니다. 유아 중심이라는 같은 목표를 가진 이 모든 의견에 우리는 공감합니다. '유아의 삶은 놀이'입니다. 결국 유아의 삶에 함께하는 것 자체가 놀이중심 교육과정입니다.

'어떻게 하면 교사와 유아가 즐겁고 행복할 수 있을까?'
'유아의 삶인 놀이 속에 어떤 배움이 숨겨져 있을까?'
'교사와 유아가 함께 성장할 수 있는 방법은 무엇일까?'

지금까지는 일상의 평범함으로 여겨 그냥 지나쳤던 작은 부분부터 유아 중심으로 다시 돌아보며 변화하려고 많은 선생님이 끊임없이 고민하고, 노력하고 있습니다. 저희는 선생님의 이러한 고민과 노력 그리고 모든 과정이 놀이중심 교육과정이라고 말해주고 싶습니다. 그러므로 아이들을 믿고, 자신만의 방향을 세워 나아가시길 바랍니다. 시간이 흐를수록 아이들과 함께하는 즐거움, 배움, 성장을 분명히 경험할 수 있을 것이라 확신합니다.

그림책 한글 놀이

홍진선 지음

한글을 즐겁게 익히는 가장 강력한 도구라고 할 수 있는 '그림책'과 '놀이'를 이 한 권에 함께 담았다. 이 책에 실린 50권의 흥미로운 그림책과 91개의 다양한 놀이를 통해 아이들은 재미있게 한글이랑 만나고, 놀고, 친해지고, 이야기 나눌 수 있다.

그림책 요리 놀이 102

이현주, 홍표선, 전영숙, 이은주, 이미영, 김광혜, 오은주 지음 / 김선규 감수

오랫동안 유아교육 현장에서 활동하며 그림책을 연구해 온 저자들이 '요리 도구들과 친구 되기', '계절에 만나는 음식', '골고루 냠냠, 건강 쑥쑥!', '특별한 날의 초대' 라는 4개의 주제로 음식으로 세상을 만나고 배울 수 있는 32권의 특별한 그림책들을 소개한다.

유치원 교실놀이 100

김연희, 양효숙, 이경미 지음

개정 누리과정에 따른 우리 아이들이 놀면서도 성장하고 배울 수 있는 내용과 구성을 통해 현장성을 높인 이 책은 유아·놀이중심의 현장에서 바로 사용가능한 실제 가이드이다. 콘텐츠 부족으로 어려움을 겪는 교실과 가정에 놀이·동화·동요가 연계된 콘텐츠를 제공함으로써 '놀이'가 필요한 현장에 실질적인 도움을 준다.

그림책 놀이 82

성은숙, 이미영, 이은주, 한혜전, 홍표선 지음

그림책을 좋아하는 다섯 명의 유치원 교사가 아이들과 울고 웃으며 함께했던 그림책과 재미있고 의미 있는 놀이들을 모아서 현장에 활용할 수 있도록 엮었다. 함께 책을 읽고 이야기 나누는 것뿐만 아니라 자연스럽게 놀이로 연결할 수 있는 다양한 사례를 소개하고 있다.

유치원 학급운영 어떻게 할까?

뿌리 깊은 유치원 교사 연구회 지음

유치원 학급운영을 고민하는 교사들에게 교실 환경 구성에서 모둠 운영까지, 등원 지도에서 귀가 지도까지, 문제해결을 위한 기술에서 학부모 상담까지 학급운영을 위한 모든 것을 알려준다

슬기로운 유치원 생활

김진희, 이미영, 이여빈, 홍표선, 이은주 지음

갑자기 찾아온 코로나19, 언제 다시 찾아올지 모르는 감염병을 지혜롭게 이겨내기 위한 방법을 안내하기 위해 여러 유아교육 기관과 가정에서 실천했던 좋은 사례를 모았다

내 마음, 네 마음

이준기 글 / 김성아 그림 / 김진애 감수

아이가 폭넓은 교우관계를 맺는 것에 어려움을 느끼나요?
"같이 한다는 건 소중하고 행복한 것이에요. 왜냐하면 친구는 나의 거울이니까요!"
학교폭력을 예방하고 교우관계를 개선시키는 그림책!

어서와! 특별 보라 세상에 온 걸 환영해!

크리스틴 벨, 벤자민 하트 글 / 다니엘 와이즈먼 그림 / 김정민 옮김

뉴욕타임즈 베스트셀러 1위 선정! 아마존 '선생님이 뽑은 최고의 그림책' 선정! 아마존 1만 독자 서평 그림책!
짠, 따라와! 특별 보라 사람이 되는 방법을 알려줄게. 보라색은 빨간색과 파란색을 함께 섞어서 만드는 마법 같은 색깔이거든. 그래서 나는 이 세상에서 보라색인 것들이 최고라 생각해!

어서와! 특별 보라 학교에 온 걸 환영해!

크리스틴 벨, 벤자민 하트 글 / 다니엘 와이즈먼 그림 / 그림책사랑교사모임 옮김

생기가 넘치고 모두가 가고 싶은 학교, 그러한 학교를 만들기 위해서는 항상 최선을 다하되, 엉뚱한 생각도 필요하며, 항상 당당하게 행동하면 됩니다. 다양성을 존중하고 구성원 모두가 리더가 될 수 있는 학교. 그런 특별 학교!! 교실에서 아이들과 꼭 읽고 함께 이야기해야 할 그림책!!

발표는 어려워

이팅 리 글·그림 / 그림책사랑교사모임 옮김

모두가 신나게 말하며 노는 교실에서 항상 수줍고 말이 없는 수지는 말하는게 두렵고 청소 로봇 아놀드에게 말할때만 유일하게 두렵지 않아요. 수지가 가장 두려워하는 '반짝반짝 소중한 보물 발표' 시간이 다가왔어요. 과연 수지는 무사히 발표를 잘 마칠 수 있었을까요?

할 수 있어, 클로버

홀리 휴즈 글 / 닐라 아예 그림 / 그림책사랑교사모임 옮김

변화에 대한 두려움을 이겨내고 당당하게 도전하는 꼬마 애벌레의 이야기를 통해 변화를 싫어하거나 주저하는 아이를 어떻게 도와줄 수 있을지 함께 이야기해 보아요.

잠깐만

이팅 리 글·그림 / 그림책사랑교사모임 옮김

우리가 잘 아는 '토끼와 거북이'의 이야기를 빌어 성격유형(MBTI)에 따른 장·단점을 파악, 그들의 말과 행동을 통해 내 아이의 성격과 행동을 이해할 수 있도록 돕는 책이다. 부모 및 교사와 함께 읽은 후 아이와 함께 독후활동을 할 수 있도록 질문지와 학습지도 제공한다.